【ゲルク派版】

改訂新版 チベット死者の書

六道輪廻図。生あるものすべてが輪廻転生する六道（地獄・餓鬼・畜生・阿修羅・人間・天）の境涯を表したもの。中心に描かれている鶏・蛇・猪は貪り・怒り・無知の三毒を表しており、輪廻の輪を両手で持つのは生と死を司るヤマ（閻魔）王。

秘密《ひみつ》集会《しゅうえ》マンダラ。ゲルク派において最重視される経典『秘密集会タントラ』に説かれたもの。外周の円は炎や金剛杵からなる結界で、その中の方形部分は仏の住まう楼閣。四方に門がある。中央には阿閦金剛《あしゅくこんごう》を中心とする五仏が描かれている。（東京国立博物館蔵／Image:TNM Image Archives）

秘密集会マンダラの中尊である阿閦金剛。身体は暗青色で、三面六臂。明妃の触金剛女《そくこんごうによ》を抱擁する中央部の左右の手には金剛杵と金剛鈴、上の対の手は法輪と宝珠、下の対の手は蓮華と剣を持つ。これらは仏の五智を象徴的に表現している。（平岡宏一氏蔵）

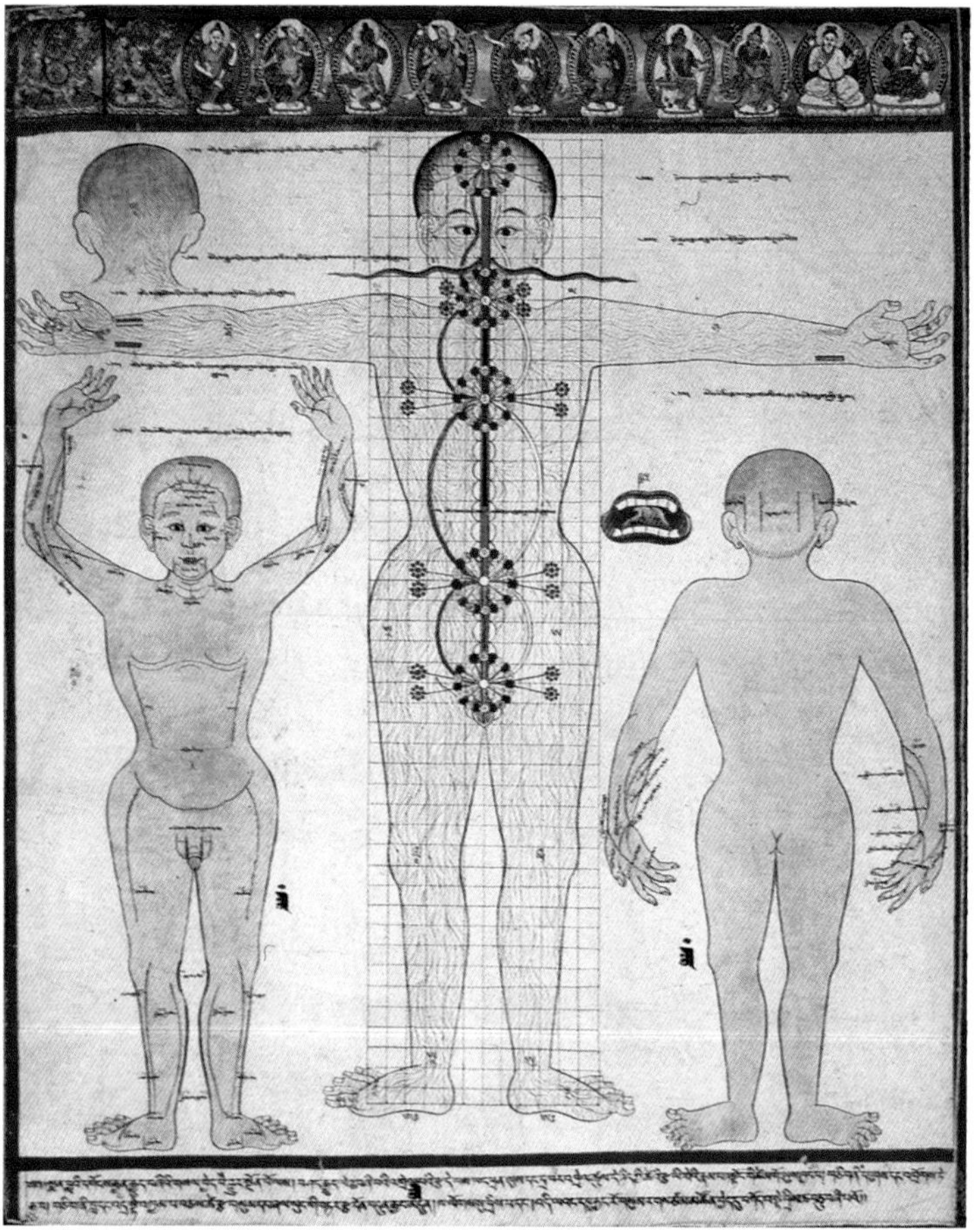

チベット仏教の身体観を表した図。体の中心を通る中央脈管とそれにからみつくように走る右管、左管、そして右管と左管が交差する場所に五つのチャクラが描かれている。(『四部医典タンカ』より)

『四部医典タンカ』に描かれた受胎のしくみと胎児の発育の図。
胎児の発育には、１魚期、２亀期、３猪（野豚）期の三つの過程
があるとしている。

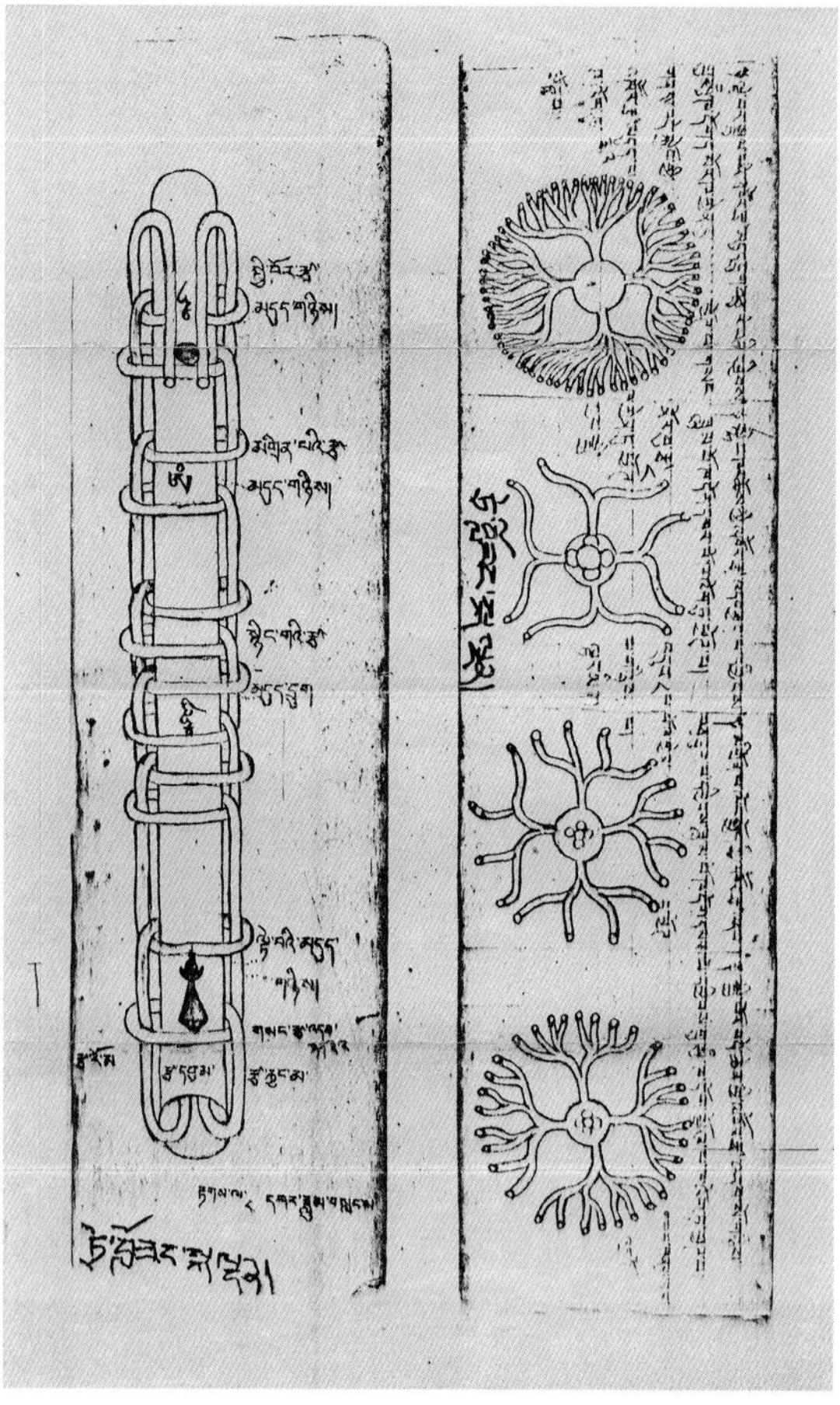

チャクラと脈管の図。チャクラは上から順に、臍・胸・喉・頭頂（秘密処は頭頂と同じ形）のチャクラ。中央・右・左の脈管の図もふくめて、どちらも観想に使用できるようにギュメ寺の高僧によって精緻に描かれたもの。（平岡宏一氏蔵）

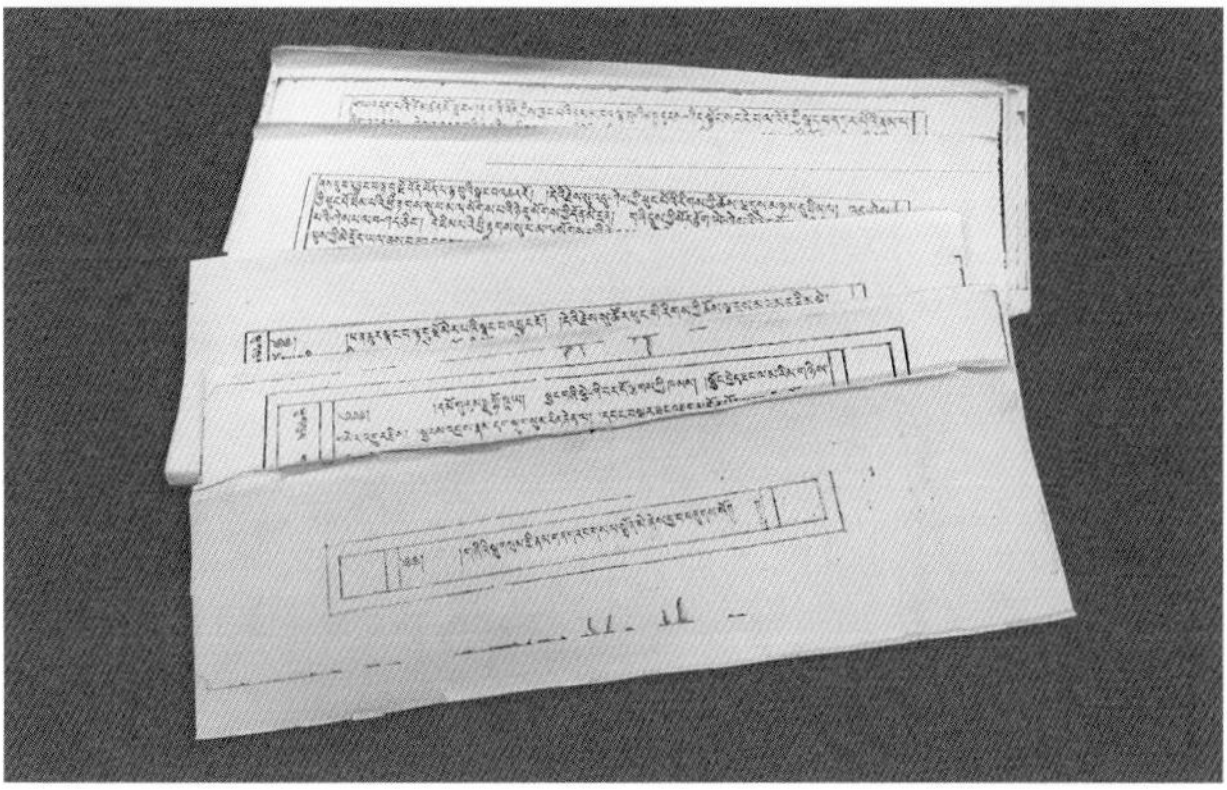

（上）金剛杵と金剛鈴を手に修法を行うロサン・ガンワン師。
（下）『基本の三身の構造をよく明らかにする灯明』（ゲルク派版チベット死者の書）の原文テキスト。1959年のチベット動乱時に国外にもたらされた唯一のテキストの写し。

ゲルク派の密教の総本山ギュメ寺を創建したシェーラプ・センゲ（1382～1445）。開祖ツォンカパ（右上）の密教の正統な後継者で、ダライ・ラマ1世はその弟子にあたる。主著『ティカ』はギュメ寺の至宝とされ、代々読み聞かせ（ルンギュン）によって師から弟子に伝えられてきたが、いつしかその伝統が途切れ、これを復活させたのがロサン・ガンワン師だった。

【ゲルク派版】

チベット死者の書

改訂新版

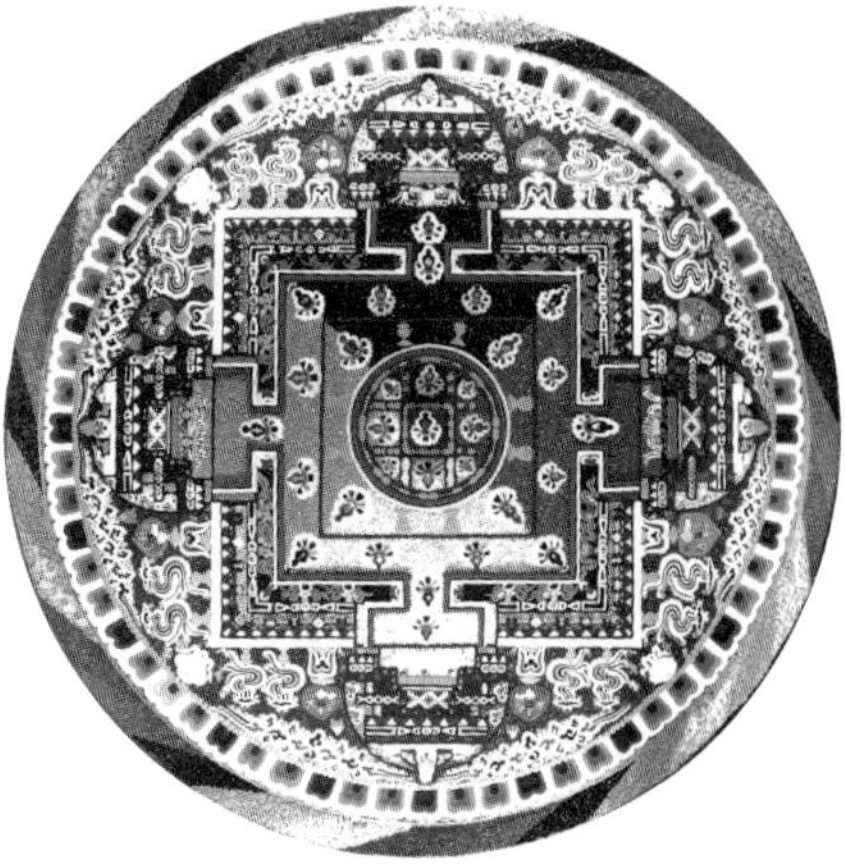

Gakken

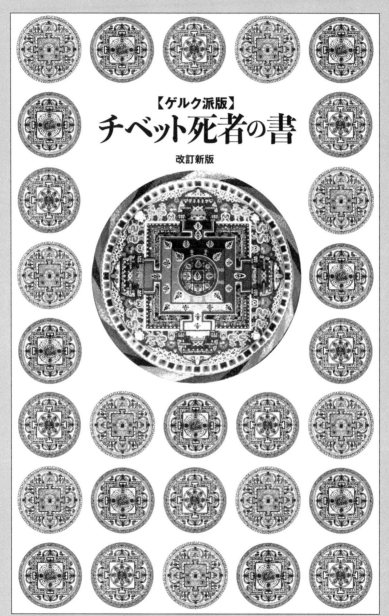

THE DALAI LAMA

༄༅། །ཉི་ཧོང་ནང་བོད་ཀྱི་ནང་ཆོས་སྤྱི་དང་། ཁྱད་པར་ཐུགས་བླ་མེད་ཀྱི་ཆོས་སྐོར་ལ་དོ་སྣང་ཆེ་
ཆེར་འགྲོ་བའི་སྐབས་འདིར། ཉི་ཧོང་པ་ཀ་ཤི་ཙེ་ ཧྲི་ར་འོ་ཀ་དང་། བོད་ཀྱི་དཀའ་བྱང་དགེ་
བཤེས་བློ་བཟང་ངག་དབང་སྤྲོང་ནས། དབྱངས་ཅན་དགའ་བློའི་གསུང་། གཞིའི་སྐུ་གསུམ་གྱི་
རྣམ་གཞག་རབ་གསལ་སྒྲོན་མེ་ཉི་ཧོང་གི་སྐད་དུ་བསྒྱུར་བ་འདིས་སྐྱེ་འཆི་བར་དོའི་སྐོར་ལ་དོ་
སྣང་ཅན་གྱི་གྲོགས་པོ་ཚོར་ཕན་ཐོགས་འབྱུང་ངེས་པས་ཡི་རངས་ཤིང་། དཔེ་དེབ་སྒྱུར་ཞུས་ཀྱི་
དགེ་བའི་མཐུ་ལ་བརྟེན་ནས་འགྲོ་རྣམས་གནས་སྐབས་སུ་ལུས་སེམས་བདེ་ཞིང་། མཐར་ཐུག་
ཐམས་ཅད་མཁྱེན་པའི་གོ་འཕང་མངོན་དུ་འགྱུར་བའི་བསྔོ་བ་དང་། སྨོན་ལམ་བཅས། བོད་ཀྱི་
ཤཱཀྱའི་དགེ་སློང་ཏཱ་ལའི་བླ་མས། བོད་རབ་བྱུང་བཅུ་བདུན་པའི་མེ་ཁྱི་ཟླ་ ༧ ཚེས་ ༡༩
ཕྱི་ལོ་ ༢༠༠༦ ཟླ་ ༨ ཚེས་ ༢༢ ལ།

ダライ・ラマ 14 世序文

文書の最後に押されている印はダライ・ラマ法王の実印（チャクタム）である。チベットでは元来、サインをする習慣がなかったため、正式文書にはすべて実印が使われている。

序文

ダライ・ラマ十四世

日本でチベット仏教、特に無上瑜伽《むじょうゆが》タントラについての関心が高まっているこの時期、日本人の平岡宏一とチベット、ガンデン寺ジャンツェ学堂のゲシェー、ロサン・ガンワンとで、ヤンチェン・ガロの御言葉、『基本の三身の構造をよく明らかにする灯明』を日本語に翻訳しました。この本が、生、死、中有についての関心をもつ皆様に必ず役立つと確信します。またそのことにより、限りない喜びを感じます。

この本を翻訳して積んだ善業の力によって生きとし生けるものが一時的な心身の楽を得、最後に一切空智者《いっさいくうちしゃ》（ブッダ）の位を実現することができるよう、回向《えこう》と祈願とをこめて。

チベットの釈尊の比丘、ダライ・ラマがチベット暦ラプジュン十七の火の戌年、最初の八月十九日、西暦一九九四年九月二十四日に

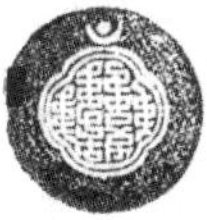

はじめに

平岡宏一

われわれ誰しもが忌み嫌うが、しかし誰もが避けることができないもの、それが死である。死は、残念ながらたんなるリセットではない。来世へのスタートである。死に際しては、今生《こんじょう》での財産、地位、名誉など何の役にも立たない。今生で最も大切にしてきた自分の肉体さえも置いていかねばならないのだ。来世に持って行けるものは、今生で積んだ福徳だけである。八世紀のインドの名僧シャーンティデーヴァは『入菩薩行論《にゅうぼさつぎょうろん》』第七章・精進《しょうじん》の章で、われわれが仏法に精進できない要因のひとつとして〝悪行への執着《しゅうじゃく》〟をあげているが、これをダライ・ラマ法王は、「人生すべてを仕事だけに費やすこと」とした。

われわれはチベットの出家者ではないので、生活費を自分で稼がねばならない。そのために多くの時間を仕事に費やすことは当然のことである。しかし、人生すべての時間を仕事のみに費やすべきではない。少しばかりの時間を、来世への準備に充てることを考えてみてはどうだろうか。

死をいかなる気持ちで迎えるかによって、来世のありようは決定的に違ってくる。今生での執着の対象に念を残して死ぬのは最悪で、やはり仏法に心を向けることが重要だが、それはふだんからの習慣なしには難しい。たいていは、死に対して絶望と恐怖が心を占めてしまうからである。

死という、この汲めども尽きぬ永遠のテーマを、人間だけが意識し準備することができる。死を素晴らしい来世へのスタートとし、ブッダになるための過程へと変容させていくことができるのである。

死を真正面から見据え、その細部まで分析することで死を克服し、来世への準備を行う――それを目的とするのが、チベットの『死者の書』の教えである。

本書を最初に出版してから二十八年の歳月が流れた。その間に、師匠のロサン・ガンワン・ギュメ・ケンスル・リンポーチェが遷化《せんげ》されたが、師が蒔《ま》いてくださった仏法の種は、私の中で着実に成長したと自負している。今回、改訂版を出版するにあたり、さらに学びを深めたこと、新たに気づいたことを本書に反映させた。

本書は、ツォンカパが無上瑜伽《むじょうゆが》タントラの最奥義とした『秘密集会《ひみつしゅうえ》タントラ』を軸に構成されており、無上瑜伽タントラをこれから学ぼうという方々には、間違いなく学びの基礎となる書物である。

著者のヤンチェン・ガロ（一七四〇―一八二七）は、本名をアキャユンジン・ロサン・トゥンドゥプという。彼はアムド地方、クンブン寺の学僧で、ヤンチェン・ガロ、つまり「弁才天が喜ぶ智慧《ちえ》」というあだ名から推察できるように、チベット語の文法に関しての業績で三十代前半から名を馳せていたといわれる。

本名のアキャユンジンは、クンブン寺のラマの名跡で、ツォンカパの父親の転生者とされるアジャ・リンポーチェの教育係であったことを意味する。

仏教に関しては、『学説《がくせつ》規定《きてい》摩尼《まに》宝蔓《ほうまん》』のクンケン・ジグメ・ワンポや『宗教源流史』のトゥケン・チューキ・ニンマなどについて顕教・密教を双修し、高い学識を備えたという。北村太道訳『大秘密四タントラ概論』で有名なガンワン・パルデンも彼の弟子の一人である。代表作である『聖者流と随順する密教の地・道』（邦訳『秘密集会タントラ概論』）は、秘密集会タントラ聖者流の教えの重要事項を網羅しつつ最もコンパクトに集約したものとされ、今日、チベット僧の世界で圧倒的に支持されている。

この『聖者流と随順する密教の地・道』とともに、ヤンチェン・ガロによる必読の書とされているのが、本書『基本の三身の構造をよく明らかにする灯明《シー・クー・スン・キー・ナム・シャー・ラップ・セル・ドン・メ》』（ゲルク派版『死者の書《クスムナムシャ》』）であり、現在もゲルク派の密教総本山ギュメ密教学堂では、密教を志す僧侶がまず最初に学ぶ、重要かつ必要不可欠の書とされている。

わが国においてもこれまで、ニンマ派に伝承される『死者の書《パルド・トドゥル》』が翻訳され、広く知られている。しかし本書は、その成立、目的、内容にいたるまで、これまでに紹介されたニンマ派版とは一線を画するものである。

なお、チベット語の原文の訳出にあたっては、できるだけ忠実に直訳することを心がけたが、そのままではわかりにくいところは言葉を補った。

また、本の体裁上、難解な原文の直訳を前に置くことになった。本来ならば、師が弟子に対して読んで聞かせた（ルンギュン）後、本文もまじえた形で解説する（シェーギュン）という手順をとるものなので、本書の場合も、できれば解説を一通りお読みになったあと、原文の直訳をお読みになったほうがよりわかりやすいものになるかと思う。

三章に分かれた原文のそれぞれのあとに付加されている解説は、わが師ロサン・ガンワンの講義録をもとに、私が再構成し、説明を加えたものである。

死は人生の一部である。

アーリアデーヴァの『四百論』に「汝《なんじ》が、過ぎ去った時は短いが未来は違うと見るなら、汝は等しいものを等しくないと考えている」という言葉がある。ダライ・ラマ法王がこの言葉を、「今までの時間はあっという間であったが、まだ見ぬ未来は長いと考えていても、過去があっという間であったように、未来もまたあっという間という意味だ」とおっしゃっている。

この書が、死を超えてブッダとなる未来への旅路の手引きになることを願っている。

目次　【ゲルク派版】チベット死者の書

装幀　斎藤みわこ

【凡例】

・［　］内は原文にはないが補った言葉

・（　）内は用語の説明または別表記

基本の三身の構造をよく明らかにする灯明といわれるもの

གཞིའི་སྐུ་གསུམ་གྱི་རྣམ་གཞག་རབ་གསལ་སྒྲོན་མེ་《シー・クー・スン・キー・ナム・シャー・ラップ・セル・ドン・メ》

ヤンチェン・ガロ 撰述
ラマ・ロサン・ガンワン 講伝
平岡宏一 訳・解説

南無導師文殊師利尊者《ナモーグルマンジュゴーシャーヤ》

浄化されるべきものである、生《キエー》・中有《バルド》・死《シー》という鉄を、浄化の主体*1の深遠*2なる道、［生起次第《キエーリム》*3・究竟次第《ゾクリム》の］二次第という錬金液《れんきんえき》によって、清浄な三身《さんじん》*4（法身《チユーク》・受用身《ルンク》・変化身《トウルク》）に自在に変えることのできる双入《スンジユク》*5の依怙尊《えこそん》*6に礼拝《らいはい》します。

＊1　**浄化の主体**——輪廻転生《りんねてんしょう》からの解脱《げだつ》を願う主体となるもの。修道者の発心《ほっしん》。

＊2　**深遠なる道**——ブッダの境涯《きょうがい》に達するための具体的な修道論。

＊3　**生起《しょうき》・究竟次第《くきょうしだい》**——無上瑜伽タントラの修道法の第一と第二。

＊4　**清浄な三身**——法身《ほっしん》・受用身《じゆゆうじん》・変化身《へんげしん》のこと。（詳しくは40ページ参照）

＊5　**双入《そうにゆう》**——〝清浄な幻身〟と〝勝義の光明〟を同時に獲得した、究竟次第で得られる最終的な悟りの境地。

＊6　**依怙尊**——自分のよりどころとなる仏のこと。

ここに無上《ラメキ》*7［瑜伽タントラ］の道《ラム》により、濁世《じょくせ》*8の短い一生の間に、和合七《わごうしち》*9支《し》を具《そな》えた双入の身を実現するための深遠なる近道である、二次第の修道法を知る上で、浄化の対象である基本の三身*10の構造を理解することは非常に大切なことである。

そのために、二つの道次第により浄化すべき対象の生・中有・死の三者の体系を説明［しよう］。

［その説明のための］三つ［の過程とは次のとおりである］。

死に至る過程（死の章）
中有を成就《じょうじゅ》する過程（中有の章）
生を享《う》ける様子の説明（生の章）

＊7　**無上の道**――無上瑜伽《むじょうゆが》タントラの教えを学び、実践すること。
＊8　**濁世**――乱れた世の中。現世のこと。
＊9　**和合七支**――無上瑜伽タントラの七つの仏の徳のこと。
＊10　**基本の三身**――死・中有《ちゅうう》・生の身体（輪廻する主体）のこと。

死の章

死に至る過程

［この世界ができたばかりの］初劫《しょごう》の*1閻浮提《えんぶだい》の人たち［は、以下のような特徴をもっていた］。

［母胎《ぼたい》・卵《らん》・水《すい》などのよりどころをもたず、］*2化生《けしょう》であること。

無量《むりょう》の寿命に耐えうること。

一切《いっさい》の根《こん》がそろっていること。

身体が自然に放出される光により満たされていること。

仏の素晴らしいお姿である*3相好《そうごう》と相等《あいひと》しい姿で飾られていること。

*4段食《だんじき》によらず、心の喜びを食物として食する者であること。

神通力《じんつうりき》により虚空《こくう》を行きうること。

以上の七法《しちほう》をともなう者ばかりであった。

［しかしやがて、少しずつ堕落するようになっていった。］

まず、段食をほしがる［前々世より*5薫習《くんじゅう》されてきた］*6習気《じっけ》が覚醒してくることにより、粗《あら》い物質的食を食べるようになった。

それでその残存物が大小便となって排出される門、男根・女根等が出現した。

前々世［から薫習された］性行為の習気をともなう二人の者が、たがいに心が通じ合って邪淫《じゃいん》を犯す［ことになった。その］ことによって人間は［化生ではなく、］子宮で息づくものとなっていき、次第に胎生《たいしょう》［として生まれるもの］

＊1　**閻浮提**——人間世界のこと。仏教の宇宙観では、世界の中心に須弥山《しゅみせん》があり、その南方に閻浮提という大陸があるとされている。

＊2　**化生**——母胎や卵を媒介とせず、何もないところから忽然《こつぜん》と生まれること。

＊3　**相好**——仏がもつといわれている身体的な三十二相と八十種の特徴（種好《しゅごう》）。

＊4　**段食**——物質的な形ある食べ物。

＊5　**薫習**——強い香りがものに染み込むように、経験したことが残ること。

＊6　**習気**——業《ごう》の残り香。たとえば、飲酒したあとでも、まだ酒の香りが残っているようなこと。

に変わっていった。

その身体には[*7]地《ち》・水《すい》・火《か》・風《ふう》・脈管《みやつかん》・体液の六界《ろっかい》（六つの要素）、あるいは、父より得た骨・筋肉・精液の三つと、母より得た肉・皮膚・血液の三つ、すなわち六界を備える［ようになった。そのような］人を閻浮提の人、胎生の六界をともなう者という。

無上瑜伽《むじょうゆが》タントラの教えの道を最初から修道して、濁世《じょくせ》の短い一生に成仏《じょうぶつ》することが可能な人というのは、そのような閻浮提の胎生の六界をともなう者であることが条件である。

その身体には、左右中央の三脈管とともに七万二千の脈管がある。

最後の死の瞬間を迎えたとき、七万二千の脈管内のすべての風《ルン》[*8]は、まず左右二管の内に集まり、その二管に集まった風《ルン》は、最後に中央脈管に染み込むのである。

中央脈管［に入った］上下の諸々の風《ルン》は最後に中央脈管の胸の位置のチャクラ[*9]の脈弁の中（その部分の中央脈管の中）には、［上が］白、［下が］赤の碗《わん》の口を重ねたような形［の滴粒《ティグレ》がある］。

［その中央部には］非常に微細《みさい》な意識と、それと同じ性質をもった非常に微細な風《ルン》［の一部である〝持命の不滅の風《ミシツペーソグジインキルン》〟といわれるものがある］。

*7 **地・水・火・風・脈管**——地・水・火・風は人体や物質を構成する四元素のこと。四つをまとめて四大《しだい》とか四界《しかい》という。脈管は無上瑜伽タントラ独特の概念で、人体を縦に走っている管のこと。脊髄《せきずい》に並行して中央脈管があり、その左右に二本の脈管が並行して走っているとする。（脈管については167ページの図を参照）

*8 **風**——脈管に流れている「気」のようなもの。

*9 **チャクラ**——中央脈管と左右管の結び目にできた輪。頭頂、喉、胸、臍《へそ》、秘密処《ひみつしょ》の五か所に大きなチャクラがある（141ページ参照）。

［これに中央脈管に入ってきた上下のすべての風《ルン》が］染み込んでしまうことによって死ななければならない。

身体のどこかの部位に、非常に微細な風《ルン》以外の意識の乗り物である風《ルン》が少しでも残っているならば、死はありえないからである。

また、［その人間を構成する要素、すなわち］五蘊《ごうん》[*10]、四界《しかい》、六処《ろくしょ》[*11]、五境《ごきょう》[*12]と、基時《きじ》（通常の人の場合）の五智《ごち》[*13]の〝二十五の粗いもの〟が染み込んでいくことで死ななければならない。

［それらのなかで］まず最初に染み込んでいくのは、色蘊《しきうん》の族の五つの要素、すなわち、色蘊、基時の大円鏡智《だいえんきょうち》[*14]、地界《ちかい》[*15]、眼根《げんこん》[*16]、自相続《じしょうぞく》（自分を構成する要素）の色《しき》（五境のうちの色）である。これらの五つの要素が同時に染み込むものとなる。

それら各々《おのおの》が染み込んだ兆《きざ》しは次のようである。

色蘊が染み込んだことを示す外の兆し（外側に現れる兆し）として、手足などが以前より細くなり、身体が衰弱し、力がなくなってくる。

基時の大円鏡智とは、鏡に影像が現れるように、多くの対象が一度に明瞭に現れる意識と説明されるが、それが染み込んだことを示す外の兆しとして、眼がはっきり見えなくなり、白内障《はくないしょう》のようになる。

*10 **五蘊**――人間の肉体と精神を、「色蘊《しきうん》」「受蘊《じゅうん》」「想蘊《そううん》」「行蘊《ぎょううん》」「識蘊《しきうん》」の五つに分けたもの。色蘊は、物質および肉体、受蘊は感受作用、想蘊は表象作用、行蘊は意志作用、識蘊は認識作用。

*11 **六処**――精神活動を起こさせる六つの領域。対象をとらえる六つの場。心と五官。

*12 **五境**――五根《ごこん》（眼《げん》・耳《に》・鼻《び》・舌《ぜっ》・身《しん》）の五つの感覚器官の対象となるもの。すなわち色《しき》・声《しょう》・香《こう》・味《み》・触《そく》。

*13 **五智**――五智とは、仏の備える五種の智慧。仏教でいう「大円鏡智《だいえんきょうち》」「平等性智《びょうどうしょうち》」「妙観察智《みょうかんざっち》」「成所作智《じょうしょさち》」の四智に「法界体性智《ほっかいたいしょうち》」を加えたもの（〝基時の〟とは、「凡夫《ぼんぶ》のときの」という意味）。

*14 **大円鏡智**――大きな丸い鏡が一切をありのままに映し出すように、すべてを明らかにして知らないことのない智慧。

*15 **地界**――地の元素。四大の地と等しい。

*16 **眼根**――根とは、ある働きを生じさせる能力で、普通には感覚器官をいう。眼根は、五根の一つ

で、視覚器官のこと。

地界が染み込んだことを示す外の兆しとして、肉体の大部分が乾燥し、身体の部分部分がゆるんでくる。身体が地下に沈んだような感覚が生じてくる。

眼根が染み込んだことを示す外の兆しとして、瞼《まぶた》を開いたり閉じたりできなくなる。

自相続の五境の色が染み込んだことを示す外の兆しとして、身体の色彩が悪くなって体力が尽きてしまう。

以上のもの［が染み込んだこと］を示す、心の中に現れる証《あかし》として、〝陽炎のようなもの《ミギュタウ》〟と呼ばれる光景が心に現れるのである。それは、春の光が砂に照りつけたとき、水のように現れ、水色が満ちているような光景である。

次の段階では、受蘊《じゅうん》の族の五つの要素［すなわち受蘊、基時の平等性智《びょうどうしょうち》[*17]、水界《すいかい》[*18]、耳根《にこん》[*19]、自相続の五境のうちの声《しょう》］が［先と同じように］同時に染み込む。

受蘊が染み込んだことによって、外の兆しとしては、根識《こんしき》とともにある感受である楽・苦・平等の三つの感受を思い出すことができなくなる。

基時の平等性智とは、楽・苦・平等の三つを感じ、［それらが感受という］一種類のものとして認識することのできる知識をいうが、それが染み込んだことを示す外の兆しとして、意識によって、楽・苦・平等の三つがわからなくなる。

水界が染み込んだことを示す外の兆しとして、唾と汗と尿と血液と精液等の

*17 **平等性智**——すべてのものが平等であると認識する智慧。

*18 **水界**——水の元素。四大の水と等しい。

*19 **耳根**——聴覚器官のこと。

大部分が乾いてしまう。

耳根が染み込んだことを示す外の兆しとして、身の内外の音が聞こえなくなり、自相続の五境のうちの声が染み込んだことを示す外の兆しとして、耳の内の空気の音が聞こえなくなるのである。

以上のものが染み込んだことを示す心の中に現れる証を〝煙のようなもの《トウワタウ》〟という。それはまるで、煙が充満している中で、煙の出口より煙がもくもくとわき出てきて、さらに煙が充満していくような光景である。

次の段階では、想蘊《そううん》の族の五つの要素［すなわち想蘊、基時の妙観察智《みょうかんざっち》[*20]、火界《かかい》[*21]、鼻根《びこん》[*22]、自相続の五境のうちの香《こう》］が同時に染み込む。

想蘊が染み込んだことを示す外の兆しとして、父母をはじめとする親族が誰であるか、想い出せなくなる。

基時の妙観察智とは親族などのひとりひとりの名前を想い出す知識をいう。それが染み込んだことを示す外の兆しとして、父母をはじめとする親族の名前を想い出せなくなる。

火界が染み込んだことを示す兆しとして、身体の体温が下がっていき、飲んだり食べたりしたものを消化する能力が衰弱する。

鼻根が染み込んだことを示す外の兆しとして、鼻の穴より息を吸う量が少な

＊20 **妙観察智**――平等の中にそれぞれの個性があることを認識する智慧。

＊21 **火界**――火の元素。四大の火に等しい。

＊22 **鼻根**――臭覚器官のこと。

くなって、外に吐く量が多くなり、息切れする。

自相続の五境としての香が染み込む外の兆しとして、鼻によって、匂いの良い悪いといった感覚のいずれもがよくわからなくなってくる。

以上の要素が染み込んだことを示す内なる証を〝蛍のようなもの《カーナンタウ》〟と呼び、〝蛍が光を運ぶごときもの〟といわれるのは、煙突より青い煙がもくもくとわき出ているとき、その中に赤い火花が少しずつ出るような感じである。あるいは、ねぎを炒《い》った鍋の裏側の汚れの中に赤い火花が少しずつ消散していくような光景が心の中に現れる。

次の段階では、行蘊《ぎょううん》の族の五つの要素［すなわち行蘊、基時の*23成所作智《じょうしょさち》、*24風界《ふうかい》、*25舌根《ぜっこん》、自相続の五境のうちの味《み》］が、同時に染み込む。

行蘊が染み込んだことを示す外の兆しとして、身体を動かすことができなくなる。

基時の成所作智とは、世間における活動やその目的などがわかる知識をいう。それが染み込んだことを示す外の兆しとして、世間における活動やその目的などの一切を想い浮かべることができなくなる。

風界が染み込んだことを示す外の兆しとして、持命《じみょう》などの*26十風《じっぷう》が自らの所在から胸に移動して、呼吸を吸ったり吐いたりすることができなくなる。

＊23 **成所作智**――あらゆるものを成就させる智慧。
＊24 **風界**――風の元素。四大の風に等しい。
＊25 **舌根**――味覚器官のこと。
＊26 **十風**――我々が生きて生活することを可能にしている十種の風《ルン》。「根本《こんぽん》の五風」と「支分《しぶん》の五風」に分かれる。根本の五風は次の五つ。①持命風《じみょうふう》（ほかの風《ルン》を眼根などの根に導くことと命を保つことを中心的な役割にしている。おもな所在は胸で、心の意識とともにある）②下行風《かこうふう》（精

舌根が染み込んだことを示す外の兆しとして、舌の表面の組織が粗くなり、その長さは短くなって、舌の根元は青色に変色する。

自相続としての味が染み込んだことを示す外の兆しとして、舌で六味を味わうことのできる感覚がなくなる。

この場合、*27身根《しんこん》と［自相続の五境のうちの］触《そく》も染み込まなくてはいけないが、それが染み込んだことを示す外の兆しとして、ツルツルやザラザラなどの感触が感じられなくなる。

以上の要素が染み込んだことを示す証しとして〝灯明を燃やすようなもの《マルメバルワタウ》〟と呼ばれる光景が心の中に生じる。

それは、蠟燭《ろうそく》の灯明《とうみょう》が尽きるときに炎舌《えんぜつ》が大小に大きく揺れるような光景である。

四大《しだい》の前者が後者に染み込む（地界から水界へ、水界から火界へ染み込む）様子とは、前者の大《だい》（元素）にもとづく各々の意識のよりどころとなる能力が収縮（衰弱）して、後者の能力がはっきりするようになることを、「前者の大種が後者の大種に染み込む」と説明したのであって、「前者の大種が後者の自《じ》性《しょう》に変わった」というわけではない。

［たとえば］地界が水界に染み込むということは、意識のよりどころとしての

液、血液、大小便などを出したり、漏らさずに保持したりする役割を果たす。おもな所在は性器）③等住風《とうじゅうふう》（食物を栄養と排出物に分け、栄養分を体内に吸収したりする役割を果たす。おもな所在は臍）④上行風《じょうこうふう》（風を上に引き上げ、食物を摂取するなどの働きをする。おもな所在は喉）⑤遍満風《へんまんふう》（身体を揺り動かすなどの動作を司る。おもな所在は関節だが、死ぬとき以外は一切移動しない）支分の五風は次の五つ。①動風《どうふう》（眼識とともにある風《ルン》）②甚動風《じんどうふう》（耳識とともにある風《ルン》）③正動風《しょうどうふう》（鼻識とともにある風《ルン》）④妙動風《みょうどうふう》（舌識とともにある風《ルン》）⑤決動風《けつどうふう》（心識とともにある風《ルン》）

*27 **身根**――触覚器官のこと。

能力が衰弱したことにより地の風《ルン》が衰弱し、水の風《ルン》の意識のよりどころとしての能力がはっきりとしたということである。

それにより前者の能力が後者に移動したような感じを受けるから、地界が水界に染み込むと説明したのであって、通常の土（地）が通常の水に染み込むことではないのである。

だから、ほかの場合においても、［染み込むということは同じように、一方が衰弱していったことで、一方が一見際立ったように見える、という具合に］類推してほしい。

四界（四大）が染み込んだあとに、

＊28〝八十自性の分別の心《ランシンゲチユイトツペーセム》〟

〝真っ白に現れる心《ナンワカラムパ》〟

〝真っ赤に輝く心《チエーパマルランパ》〟

〝真っ黒に近づく心《ニエートプナクランパ》〟

＊29〝死の光明の心《チーウエーウツセルキセム》〟

という識蘊の五種類の要素が順番に心に現れなくてはいけない。

〝八十自性の分別《ふんべつ》の心〟と、その乗り物となった風《ルン》の二つは〝真っ白に現れる心〟の前に染み込まなくてはいけない。

＊28 **八十自性の分別**——日常生活における心の八十種類の様相。妄分別ともいう。

＊29 **光明《こうみょう》**——非常に微細な意識が覚醒したときに心に現れるヴィジョン。

それ（八十自性の分別の心）と〝真っ白に現れる心〟の二つは知覚する方法が違っている。［一方は］微細《みさい》、［他方は］粗《そ》と［意識のレベルの］違いが大きい。したがって〝真っ白に現れる心〟の意識の段階では、その（八十自性の分別の心の）ような粗い意識はないからである。

それゆえ、自らの乗物である風《ルン》をともなう〝八十自性の分別の心〟が〝真っ白に現れる心〟に染み込みはじめたとき、灯明を燃やすような心の光景を生じる。それ（八十自性の分別の心）が〝真っ白に現れる心〟に染み込む。［そして次のような心の光景を現出させるのである。

〝真っ白に現れる心〟の段階に至った兆しとして、秋の晴天の夜、月の光によって満たされた虚空のごとく、はなはだ清浄なる白い光の相の光景が［心の中に］現出する。

そのように現れる条件は、胸より上の左右の管の中にあるすべての風《ルン》が中央脈管の上端から入っていく力で、頭頂の輪《りん》（チャクラ）の結節《けっせつ》をほどき、その中央にある父より得た白い精液（ཧཾ《ハム》字が逆さになった相→ཧཾで存在する）が、水の性質をもつものであるために下方に下がっていき、胸の左右管の六つの結節の輪の上に到達するまでに、そのような光景が生じるのであって、外側から月光などの光景が出現したということではない。それを「顕明《ナンワ》」[*30]あるいは

＊30　顕明《けんみょう》――微細な意識の一つ、「真っ白に現れる心」の別名。

「空《トンパ》」という。

次の段階では、その乗物である風《ルン》をともなう「顕明」が「増輝《チエーパ》」[*31]に染み込んで「増輝」の心が現れたとき、秋の晴天を日光が満たしたように、以前よりはるかに清浄で晴朗な赤、あるいは赤黄の光景が心の中に現れる。

その条件は、胸より下の左右管のすべての風《ルン》が、中央脈管の下端から入ることで、性器のチャクラの結節の結び目などを順にほどいていったことにより、臍《へそ》のチャクラの中央にある母より得た赤い精液（チベット語のཨ《ア》字の右側の━部のような相で存在する、火の自性をもつもの）が上に昇って、胸の左右の六つの結び目の下に到達するまでに、そのような光景が心に生じるのであって、外側から日光などが顕現したのではない。

それを「顕明増輝《ナンワチエーパ》」あるいは「甚空《シントウトンパ》」という。


次の段階では、その乗物の風《ルン》をともなう「増輝」が「近得《ニエートプ》」[*32]に染み込む。「近得」段階の前半においては、秋の晴天時、昼と夜の間の黄昏時《たそがれどき》の、厚い漆黒《しっこく》の闇により包まれたような光景が現れる。それは中央脈管の中で諸々の上からの風《ルン》と下からの風《ルン》とが胸［に位置する］中央脈管のうちに集まったことで、胸の左右

*31 **増輝《ぞうき》**――「真っ赤に輝く心」の別名。

*32 **近得《きんとく》**――「真っ黒に近づく心」の別名。

の六つの結び目をほどいて、上からの精液は下に落ち、下からの経血は上に昇っていき、中央脈管の胸の位置にある*33〝不滅の滴《ミシツペーティグレ》〟［に達する。その〝不滅の滴〟］は白い精液と赤い経血が碗《わん》の口を合わせたような格好で存在している。［その］中央部に入ったことでそのような光景が出現するのであって、外側より漆黒の闇などの光景が現れたのではない。それを「近得」あるいは「大空《トンパチエンポ》」という。

それはまた、「近得」の前半の段階では、［厚い漆黒の闇のごときものという］認識対象の光景がともなっている。［それに］対し「近得」の後半の段階では、認識対象を何も想起することがなく、気絶したときのように真っ暗なものとなる。

それから非常に微細な風《ルン》と非常に微細な心から生じた、［今生《こんじょう》の間の］一時的に生じていた風《ルン》と心はすべてなくなってしまい、最初から根源的に存在している、きわめて微細な風《ルン》と心の想念が蘇生《そせい》するまで、「近得」の後半の想念のない状態が続くのである。

その後、非常に微細な風《ルン》と心の想念が蘇生して〝死の光明《チワウツセル》〟が現れる。［八十自性の分別の心が］染み込むまでの間と［意識が〝死の光明〟から逆行して微細化した状態から次第に粗い状態になって〝八十自性の］分別［の心〟］

＊33　**不滅の滴**――中央脈管の胸の位置にある小さな滴。生まれてから死ぬまで不滅なので、不滅の滴という。

が動［き出す］までの間に生じて、秋の晴天に月光が満たすように〝真っ白に現れる心〟の光景が現れるのであって、それ以外の粗い主観と客観の対立は何も現れないというのが〝真っ白に現れたもの〟（顕明）の特徴である。

また、［顕明の］分別が染み込むまでの間と［意識が死の光明から逆行して微細化した状態から次第に粗い状態になって顕明の］分別が動［き出す］までの間に生じて、秋の晴天を日光が満たすように〝晴朗な真っ赤な光景〟が現れるのであって、それ以外の粗い主観と客観の対立は何も現れない、というのが「顕明増輝」の特徴である。

［増輝の］分別が染み込むまでの間と［意識が〝死の光明〟から逆行して微細化した状態から次第に粗い状態になって増輝の］分別が動［き出す］までの間に生じて、秋の晴天を黄昏時の漆黒の闇が満たすような〝晴朗な真っ黒の光景〟が現れるのであって、それ以外の粗い主観と客観の対立は何も現れないというのが「顕明近得《ナンワニエートプ》」の特徴である。

「近得」が光明に染み込んで光明を照らすとき、「近得」の後半の［前後］不覚［の状態］から覚めて粗い主観と客観の対立は少しもなく、秋の晴れた虚空に月光、日光、暗黒、といった〝汚染の三つの縁《レチエーキケンスム》〟と離れた黎明《れいめい》の虚空そのものの色、とても晴朗、清浄で、純粋な光景［が現れるのである］。［それは］空[*34]《トン》

＊34 **空性**《くうしょう》——ものはほかと関係して存在しているのであって、それ自体で存在しているのではないということ。

性《パニ》を直観的に理解する等引智《ニヤムシャイエーシエー》[*35]における［心中の］光景に似たものが［心に］出現する。

そのように出現する条件はまた、白赤の二つの精液が〝不滅の滴〟に染み込み、中央脈管の内側のすべての風《ルン》も非常に微細な持命の風《ルン》に染み込むことにより、最初から根源的に存在している非常に微細な持命の風《ルン》・心が［表面化して］顕現《けんげん》したことにより、そのような光景が現れるのであって、外の晴朗な虚空が現れているのではない。それを〝死の光明〟や「一切空《タムチエトンパ》」という。実際の死はこれである。

〝死の光明〟は「基時の法身《ほっしん》」、その晴朗なる［様子］を「基時の自性身《じしょうしん》」という。それを認識対象となすその［認識主体としての］知識を「基時の理解の智法身《ちほっしん》」ともいう。

それは、ごく普通の人は、三日の間そこ（死の光明）にとどまり、それから白と赤の精液［がそれぞれ体外に放出されること］の兆しが示されるのである。［しかし］病気により体力が非常に衰弱した者は、何日経っても、白赤の精液の兆しが現れないこともある。

また、瑜伽《ゆが》行者がその境涯《きょうがい》の力の高低により、その光明を法身と混合してか

*35　**等引智**《とういんち》——禅定《ぜんじょう》において空性を直観的に理解する智慧。

ら、どれだけその光明にとどまるかについて日数を決定することはできないと説かれている。

顕明・増輝・近得の三つが光明も含めて染み込む仕方は、前者の心のはたらきの能力が壊されたために、後者の心のはたらきの能力がはっきりとしたことを、前者が後者に染み込むというのであって、前者が後者の性質に変質するのではない。

秋の空を譬《たと》えにあげたのは、地上の塵《ちり》が虚空に上がっているのを夏の雨が落としてしまうことと、雲により隠されてしまうことから離れることの二つの条件がそろって、とても晴朗な空模様が多いのが秋だからである。［また］虚空が粗い妨《さまた》げの障害を取り除いただけの空間の状態であることと同様に、四空《しくう》[*36]も意識の上で粗い分別の顕現を顛倒《てんどう》することで晴朗な光景を現す［というその］二つの現れ方が相等しいために譬えにあげてあるのであって、虚空などが実際に現れるということではない。

では「顕明」の前に八十自性とその乗り物である風をともなうものが染み込み終わったなら、「顕明」「増輝」「近得」の三者のときには染み込むべき風《ルン》はもうないのかといえば、一般に風《ルン》には微細なもの《タモ》と粗いもの《ラクパ》とが多く存在するのであって、粗いものが染み込み終わっても、微細なものは存在するのである。

＊36 四空《しくう》——顕明・増輝・近得・光明の四智《しち》のこと。

それゆえ、［粗い風《ルン》がなく］微細な風《ルン》一つだけが知識のよりどころとなるときとは、風《ルン》が「顕明」に染み込んでから、「近得」が光明に染み込むまで［の期間］である。

四空の場合、前者の意識から後者の意識へとだんだん微細になっていったことにより、意識の上では最初の光景である世俗の粗い顕現が顛倒して晴朗な心の光景が現れたのであって、「空性」を認識対象となすのではない。

だから、修行をしていない一般の人たちの場合には、心は実体あるもの（諦《たい》成立《せいりつ》）としてのみ［心に顕現するのであって］それよりほかに実体のないものとしての顕現（すなわち空性の顕現）は心に現れないのである。この場合、［修行していない一般の人々の］四空は有情《うじょう》[*37]が死ぬときに全員に現れるものだから、死ぬときに空性を理解するならば、誰でも努力する（修道する）ことなく解脱《げだつ》することになってしまうからである。

凡庸《ぼんよう》な者たちには、〝死の光明〟が現れても、それと確認できないような格好で体験するのであって、それと確信して経験するのではない。それを〝母の《マイ》光明《ウッセル》〟というのに対し、修道時の睡眠と覚醒の場合に、観想の力により現れた光明を〝子の光明《プーイウッセル》〟というのである。その二つを〝死の光明〟のときに混合して観想することを〝母子の光明の混合《ウッセルマブデーパ》〟という。

*37 **有情**――生存するもの。情は心の働き、感情をもつものの意味で、生きているものの総称。菩薩も有情だが、仏は有情には含まれない。

では、その〝死の光明〟は一般に光明の条件を正しく備えたものであるかといえば、［それは違う。］瑜伽行者が〝母子の光明〟を混合し、空性の理解をともなってその光明の意味をとらえる場合は、光明の条件を正しく備えたといえる。

そうではなくて、凡庸の者に自然に現れた〝死の光明〟は、粗い主客の対立を覆《くつがえ》している［という事実］のみを光明と名づけたのであって、光明の条件を正しく備えたものとはいえない。

一般に光明には二つある。微細の空性である認識対象の光明と、それを理解する智慧《イエーシエー》である認識主体の光明である。

これらの死の過程は、無上瑜伽タントラの生起次第《キエーリム》・究竟次第《ゾクリム》における、［生起次第での］死を法身に転変させる修道と［究竟次第での］〝譬えの光明《ペーウッセル》〟と〝勝義の光明《トウンキウッセル》〟の浄化の対象の中心であるから、これらをよく理解することは非常に重要なことである。

死の章……死に至る過程

《解説篇》

◉仏教に創造主はいない——すべてはモチベーション

仏教は創造主を想定しない。宇宙の真理を体現するとされる大日如来《だいにちにょらい》も創造主ではない。

仏教の原則は因果応報《いんがおうほう》である。すなわち、善業《ぜんごう》を積めば、その果として楽を、悪業《あくごう》を積めば、その果として苦を受けるという原則であり、これを不変の真理として創造主を想定しないのである。

そして、善業を積むか悪業を積むかは、すべて心、考え方によっているとする。

たとえば、ある僧が五体投地《ごたいとうち》をするとき、自分の悪業を落とそうとして行うなら善業だが、寺を継ぐために父親から無理やりさせられているなら善業とはならない。信者に見せてお布施を多くもらいたいと考えて行うなら、これはもう確実に悪業になる。

このように、同じ行為でもモチベーションによって善業にも悪業にもなる。殺人や窃盗などの警察に捕まるような行為だけが悪業になるのではない。

仏教において創造主にあたるものをあえてあげるとすれば、それは心である。われわれ凡夫《ぼんぶ》は煩悩《ぼんのう》が多く、貪《とん》・瞋《じん》・痴《ち》（執着《しゅうじゃく》、怒り、無知）が心を支配していて、うまくいけば慢心、失敗すれば嫉妬と、心の運び方ひとつで悪業を積みつづける。

七世紀後半から八世紀に活躍したシャーンティデーヴァは、『入菩薩行論《にゅうぼさつぎょうろん》』で次のように述べている。

「あたかも雲深き闇夜に稲妻が一瞬くっきり照らし出すように、仏の御力で、たまには世間に福徳の思いが生じるだろう」（第一章・五段）

つまり、途切れることのない煩悩により、一晩中の闇のようにわれわれは悪業を積みつづけ、一瞬の稲光程度の善業しか積まないというのである。

そして、次のようにいう。

「それゆえ常に善は弱く、罪の力は耐えられぬほど強い。完全なる菩提心《ぼだいしん》以外に、どんな善がそれを制圧することができるだろう」（第一章・六段）

一晩中の闇に匹敵するような悪業に対して、一瞬の稲光程度の善業はとても弱い。完全なる菩提心以外ではとても悪業に対抗できないとする。しかし逆にいえば、完全なる菩提心なら、それがたとえ一瞬のものであっても、一晩中の闇に匹敵する悪業を制圧することができるというのだ。

ここでいう「完全なる菩提心」は、不完全な菩提心と完全な菩提心があるという意味でいっているのではない。「菩提心という完全無欠の心」なら悪業を制圧できるということである。

◉菩提心とは何か

では、菩提心とは、どのような境地を意味するのだろうか。ふつう菩提心とは、簡単にいえば「悟りを求める心」とされている。しかし、それだけでは説明になっていない。

ダライ・ラマ法王は次のように述べている。

「そのような悟りを求める目的は、諸々の有情《うじょう》（生きとし生けるもの）が、すべての楽をともない、すべての苦しみから離れるために、それらの有情利益《りやく》を容易に自然とやり遂げることを、自分ができないだろうかと思うこと。そして、それは誰が可能なのかといえば、無上正等覚者《むじょうしょうとうがくしゃ》（無上の完全なる悟りを得た者）の位を獲得しなければ、ほかに方法がないとわかって、諸有情を無上正等覚位に導きたいと思うそのゆえに、自分が無上正等覚者の位を獲得したいという気持ちを生じさせるのである。その目的、すなわち有情利益を成就《じょうじゅ》するために必要不可欠な道具のように、仏の位がなくてはならないものとわかって、それを獲得できないだろうかと思う、そのことを菩提心という」（『入菩薩行論註』）

つまり菩提心とは、有情を苦しみから救い出し、仏の位に導く目的で発心し、無上正等覚者

（仏）の位を目指す心である。

シャーンティデーヴァはいう。

「有情たちのたかが頭痛ごときを取り除いてやろうと考えても、役に立ちたいという思いをもっているから、無限の福徳を積むことになるならば、有情各々《おのおの》の不幸をあらん限り除こうと望んで、［そしてその有情］各々にまた［仏果の］無限の功徳《くどく》を成就してあげようと望むなら、［はかりしれない無限の福徳を積むことは］いうまでもない」（『入菩薩行論』第一章・二十一―二十二段）

何度もいうが、仏教はモチベーションの宗教である。わずかな親切心であっても無限の福徳を積むことになるならば、一切有情をすべての不幸から解放して仏の無限の功徳を成就してあげようと望むことは、はかりしれない福徳を積むことになるのはいうまでもない。

この菩提心は、菩薩行を願う心（発願心《ほつがんしん》）と、実際に菩薩行を実践する心（発趣心《ほっしゅしん》）に分けることができる。

この両者について、シャーンティデーヴァは次のように述べる。

「発願心により輪廻《りんね》の中で大果を生じるけれども、発趣心のときほどの間断ない福徳を生じることはない。無辺の有情界を救うため、不退転の心で、この［発趣］心を受持する者は、その心を起こしたときから、寝ていても、放逸《ほういつ》であっても、徳の力が間断なく虚空に等しく生じつづける」（同第一章・十七―十九段）

つまり、発願心だけでも無限の功徳はあるが、菩薩行を実践しようとする心には、さらにそれをはるかに上回る功徳があり、寝ていても、休憩していても、徳の力が間断なく生じつづけるというのである。

このように、菩提心とは、徳を積み、自利利他ともに満足させる究極のものである。

ダライ・ラマ法王は、「お籠《こも》り行をひと月して、意味もわからず十万回のマントラをあげるより、菩提心を真剣に三〇分観想《かんそう》するほうがはるかに効果的で徳積みになる。世界の人口が八十億人に近づいても、仏教徒は四億人余りに過ぎない。そのなかで、菩提心の意味はもちろん、言葉さえも聞く者は少ない。しかし、菩提心こそが大乗と小乗を分ける物差しであり、われわれを仏の境地に導く唯一のものである」とおっしゃっている。

この菩提心による菩薩行の実践を、より早く、より着実にする、最高にして最強の方便が無《む》上瑜伽《じょうゆが》タントラの教えなのである。

◉ゲルク派版『死者の書』の重要性──密教と顕教

ここからは、ゲルク派版の『チベット死者の書』に関する詳しい解説に入る。

本書のなかでも、死に至る過程を説くこの章は最も重要である。

そういわれる所以《ゆえん》は、何だろうか。

まず本文の冒頭の部分に「無上［瑜伽タントラ］」の道により、濁世《じょくせ》の短い一生の間に、（中略）双入《そうにゅう》の身を実現する（成仏のこと）ための深遠なる近道の生起次第《しょうきしだい》・究竟次第《くきょうしだい》の二次第の修道法を知る上で、浄化の対象である基本の三身《さんじん》の構造を理解することは非常に大切なことである」とある。

つまり、無上瑜伽タントラで成仏に至る唯一の近道、生起次第・究竟次第の二次第を修行するためには、「死に至る構造」を理解することが必要不可欠だというのである。

大乗仏教の代表選手は、波羅蜜乗《はらみつじょう》（顕教《けんぎょう》）である。この波羅蜜乗では、三劫《さんごう》成仏を説く。これは、三阿僧祇劫《さんあそうぎこう》という気の遠くなるような長い時間、生まれ変わり死に変わりをしながら修行を続けて、ようやく成仏ができるという教えである。

その三阿僧祇劫の修行の結果、最後に菩薩が成仏する道場は、天界の中の色界《しきかい》（形あるものの世界）の頂点である、色究竟天《しきくきょうてん》である。この場所で成仏した後、兜率天《とそつてん》で準備を整え、地上に降臨する。釈尊もこの過程を経て、摩耶夫人《まやぶにん》の子宮に入ったのである。つまり釈尊は、誕生される前にすでに悟っておられたが、衆生を導くためにわざわざ悟っていないお姿で現れ、四《し》門出遊《もんしゅつゆう》や成道《じょうどう》の格好を見せて衆生《しゅじょう》を導かれたという設定である。

これに対して密教は、即身成仏《そくしんじょうぶつ》を目指す。すなわち、密教の成就法を用いれば、転生を繰り返すことなく、今生で成仏が可能という。

さらにチベット密教においては、即身成仏するために絶対必要とされるのが、異性のパートナーとの性的瑜伽（ヨーガ）である。

しかし残念ながら、この性的瑜伽の実践は、男女どちらも高い境地にあること、戒律を規則通りに守る者等の、タントラ部や大成就者の典籍に説かれたような条件が細部にわたってすべて備わっている者でなければならないとされる。

たとえば、性瑜伽の実践者は必ず空性《くうしょう》の理解をともなうことが必要で、それがなければ、「楽を生じる必要性は失われ、耐え難い悪趣《あくしゅ》の因《いん》となる」という。さらに、もし空性の見解《けんげ》を具《そな》えていたとしても「まだ不十分で、他の多くの条件を満たさなければならないことを詳しく理解しなければばならない」と説かれており、つまり、実際にはほぼ不可能であることがわかる。

では、性的瑜伽が不可能なら成仏のチャンスはないのかといえば、事実としては、性的瑜伽よりもはるかにたやすく成仏を得られる機会がある。それは、死の瞬間である。

チベットの高僧は死に際して、心臓が止まったあとも身体が腐らず、数日間そのままの状態でとどまることがある。

二〇〇八年にインドのデプン寺で遷化《せんげ》したガンデン寺百世座主《ざす》ロサン・ニマ師が十八日間、この状態にとどまったことは有名である。

この実際にある現象のことをチベットでは「トゥクタム」というが、この状態に入る際になされる観想法があるという。それが具体的にどのようなものなのかについては、後ほど言及したい。

では最初に、『チベット死者の書』についての説明をしておこう。

まず、ゲルク派版の『死者の書』の正式な名称は『基本の三身の構造をよく明らかにする灯明《シー・クー・スン・キー・ナム・シャー・ラップ・セル・ドン・メ》』という。

詳しい成立の過程に関しては巻末の解説にゆずるが、十四世紀チベットのテルトン（埋蔵経典伝承者）、カルマ・リンパによって著され、アメリカの人類学者エヴァンス・ヴェンツによって世界中に紹介されることになった、いわゆるニンマ派の『死者の書（パルド・トドゥル）』とは、その成立過程・目的ともに大きく違うものである。

パルドとは、本書でも詳しく触れることになる死と生の中間状態のことで、一般的には「中有《ちゅうう》」あるいは「中陰《ちゅういん》」などと訳されることが多い。トドゥルとは、聞いて解脱《げだつ》することを意味する。

つまり、このニンマ派版『死者の書』は、死者が次の生に至るまでの期間、枕元において、来世に導くラマ（師僧）より語り聞かせてもらうことを前提にして記されている。まさに文字通りの枕経《まくらぎょう》（死者の供養のための書）で、それをガイドに善趣《ぜんしゅ》（六道のうちの天・人・阿修羅）に生まれ変わることを目的としている。

『パルド・トドゥル』が死者のための枕経であるのに対して、本書は、あくまで生きているうちから死の準備をするためのものである。本書を学ぶことは、まさにほんとうの意味での〝終活〟といえよう。

読者は本書の内容をマスターすることで、これまでなかなかその本質にたどりつけなかったチベット密教への焦燥感を一掃できることと思う。

タイトルにある基本の三身とは、今世の「死」、「中有」、来世の「生」のそれぞれの段階における輪廻の主体のことをいっているのだが、無上瑜伽タントラでは、これらの三身の段階をブッダの三種類の身体を獲得する過程になぞらえる。ブッダの三身とは、「法身《ほっしん》」「受用身《じゅゆうじん》（報《ほう》身《じん》）」「変化身《へんげしん》（応身《おうじん》）」のことである。

ブッダという存在は、空性を理解する正しい智慧をつねに備えている。しかしそれ以外の存在はどうかというと、たとえば菩薩であったとしても、空性を瞑想することと、人々を救済することを同時に行うことはできない。

なぜなら、禅定《ぜんじょう》に入って空性を直観的に理解するとき、対象の空性はもちろん、空性を理解するための智慧もまた、本質は空であり、認識対象の空性と認識主体の智慧とが本質はともに空であるため、直観的に空性を捉える際には、水に牛乳を混ぜたように、主観と客観の対立がなくなる。高い境地に至った菩薩は、この禅定の状態から起き上がったとき、すべての存在は本質的に空であるとわかりながら衆生済度《しゅじょうさいど》を行う。このとき、菩薩は刹那《せつな》に空の禅定に入ったり出たりすることができるようになるが、空性を直観しながら衆生済度の活動をすることはかなわない。

しかしブッダは、空性を瞑想し、空性と自心とが合一する体験をしながら、同時に人々を救済する活動を続けることができる。この、いつも備えられた空性を正しく知るブッダの智慧そのものの、これを「法身」という。

次に、ブッダは、血肉でできた肉体を離れて、意識だけでできた身体をもつ。この意識とは、われわれが日常生活で使う汚れた意識ではなく、清浄な空性を正しく理解する意識である。この清浄な意識の身体は、いつでも、どこへでも、行くことができる。これを「受用身」という。

しかし、この受用身では、修行を積んだ聖者同士ならば会って親しく教えを乞うことができても、凡夫にはその姿さえ見ることができない。そこで、凡夫である一般衆生にも見える姿として、人間の姿をとってわれわれの前に現れるのが「変化身」と呼ばれる存在である。

チベット人はダライ・ラマ法王に強い信仰をもっているが、これは観世音菩薩《かんぜおんぼさつ》が、衆生救済のために人間の姿をとって現れた「変化身」がダライ・ラマ法王であると信じられているからである。

死、中有、来世の生という輪廻の構造をそのまま利用して、本物の仏の「法身」「受用身」「変化身」への転換をはかり、仏身を獲得することが、無上瑜伽タントラの最終的な目的である。

その無上瑜伽タントラの修道法には、生起次第・究竟次第という二段階がある。いってみれば、基礎編としてのイメージ操作を中心とした行と、完成編としての自身を仏身に変容させていく行だ。

たとえば、その生起次第では死へのプロセスをそのまま法身獲得の過程に転換する。これを〝死の法身との混合〟という。これが重要な引き金となって、究竟次第での〝光明《こうみょう》〟の実現につながるのである。

同様に、中有のプロセスを受用身獲得の過程に転換し、生（再生）のプロセスを変化身獲得の過程に転換するのである。

そのために無上瑜伽タントラは、浄化の対象であり、仏の三身を獲得するための素材ともいえる「死」「中有」「生」という輪廻のそれぞれの過程をよく知らなくてはいけないと教える。この目的のために書かれたのが、ゲルク派版の『死者の書《クスムナムシャ》』なのである。

著者のヤンチェン・ガロは、さまざまな経典や解説書にある「死」「中有」「生」についての記述のなかから大切な部分だけを抜き出し、非常に短く、それでいて重要な教えをもらすことなく網羅している。

私（平岡）が学んだテキストは手書きのものだが、これは当初、チベット僧がインドへ亡命してきた際にこの書を持ち出せた僧が一人しかいなかったため、彼のテキストを書き写したものを使用したためである。

この『死者の書』を学ぶことは、密教を志す人はもちろん、そうでない一般の人にとっても

【無上瑜伽タントラの修道プロセス】

無上瑜伽タントラでは、ブッダの身体を獲得するため、一度生まれ変わりを体験することが基本構造となっている。それを実際に実現する過程が究竟次第であり、それを観想によってシミュレーションするものが生起次第といえる。

瓶灌頂《びようかんじよう》…………生起次第の観想を行う資格を与える灌頂。

⇩

生起次第

①**初加行瑜伽三摩地《しよけぎようゆがさんまじ》**……死・中有・再生の輪廻の過程をもとに仏の三身獲得の過程を観想する。

②**最勝曼荼羅王三摩地《さいしようまんだらおうさんまじ》**…曼荼羅の諸本尊による衆生救済の観想法。

③**最勝羯摩王三摩地《さいしようかつまおうさんまじ》**……除災や増益など実際に衆生救済を成就するための観想法。

⇩

秘密灌頂………幻身を獲得する習気《じつけ》を置くための灌頂。
般若智《はんにやち》灌頂……光明を獲得する習気を置くための灌頂。
語《ご》灌頂…………双入を正しく理解するための言葉による灌頂。

この３つの灌頂を受けなければ、究竟次第を行う資格は得られない。

⇩

究竟次第

①**定寂身次第《じようじやくしん》**……………倶生の大楽智を生じさせ、すべての存在を「優れた百族」などの本尊として観想する。

②**定寂語次第《じようじやくご》**……………風を自在に動かし、中央脈管の胸にある不滅の滴に入れるための準備を整える。

③**定寂心次第《じようじやくしん》**……………不滅の滴に風を入れ、三空（顕明・増輝・近得）を体験し、非常に微細な根源的意識を覚醒させ、究極の定寂心（譬えの光明）を生起する。

④**自加持《じかじ》次第（幻身）**……譬えの光明とその乗物の風が因となり、不浄の幻身が体外離脱によって実現する。

⑤**楽現覚《らくげんかく》次第（光明）**……勝義の光明（空性を直観的に理解する智慧）を実現し、その禅定に入ると、不浄の幻身は消滅する。

⑥**双入《そうにゆう》次第**………………勝義の光明と清浄な幻身を得て、心も身体も清浄（双入）となり、仏果が成就する。

大きな意義がある。

以前、南インドのギュメ寺を訪れた際、当時のギュメ寺管長ソーナム・ギャルツェン師は次のように言われた。

「ゲルク派の『死者の書』を学ぶ者は、特別な徳を備えた者といわなくてはならない。なぜなら、この書を学び、その構造を頭に入れておくこととそうでないこととでは大きな違いがあるからだ。普通の者は死に際し、眼が見えなくなり、耳が聞こえなくなってきたとき、大きく気が動転して、無意識のうちに中有に放り出されてしまう。しかし、この書を学び、その構造を正しく頭に入れた者は、眼が見えなくなり耳が聞こえなくなっても、それを死への過程の中で必ず訪れる兆《きざ》しととらえ、次々に心に現れる兆しに対して心の準備をして迎えることができる。そして最後に〝死の光明〟が訪れたとき、それに対して『空』の理解を少しでも重ね合わすことができたなら、来世は必ず素晴らしい存在として生まれることになる」

このように本書は、ニンマ派に伝承される『死者の書』とは違い、生きている間に学ぶべき、修道の基礎となるものなのである。

私はギュメ寺に滞在していたとき、ガンデン寺のゲシェー（顕教の仏教博士）であったロサン・ガンワン師（後にギュメ寺第九十九世管長）に付いて、この『死者の書』――『基本の三身の構造をよく明らかにする灯明』を学んだ。ロサン・ガンワン師はゲルク派の最高位の学僧であるゲシェー・ハランパの位にあり、一九九〇年にセラ寺でダライ・ラマ法王臨席のもと開催された密教問答大会の第一位となったほどの智慧と学徳を兼ね備えた希代の修道僧であった。

これから紹介しようとする解説文は、私がロサン・ガンワン師より受けた『基本の三身の構造をよく明らかにする灯明』をはじめとする密教の講義録のエッセンスである。

この解説文では、本文(直訳)と解説の別はなく、渾然《こんぜん》として進行していく。こうした形式は、チベット密教の伝法においてはごく自然な方法論である。はじめは多少とまどうこともあるかと思うが、あくまでも結果的に何を伝えるかという本質論を優先させるための形式であることを認識しておいてもらいたい。

比喩の引用、その他講義内容の多くはロサン・ガンワン師によるもので、必要に応じてあらためて解説を加えている。

ここでは、原典にもとづきながらゲルク派の『死者の書』の教えを、師が私に教えてくださったときのように、できるだけかみくだいて説明したいと思う。

チベット密教に不慣れな読者にとっては、独特の術語が頻繁に出てくるので難解なところもあるだろうが、本書を読み終えたとき、あなたは無上瑜伽タントラを学ぶ上での最も大切な基礎知識を身につけたことになる。そしてそのことによって、ブッダの智慧、無上瑜伽タントラの本質がかなり明確になっていることだろう。

ではいよいよ、最初の階梯である「死の章」の解説に入っていくことにしよう。

この章では、人類の歴史のなかで、人はどのような段階を経て現在のような姿かたちをとるようになっていったのかという導入部に続き、人間が寿命を全《まっと》うして物質としての肉体がしだいに分解し、それにともなって弱まり、失われていく感覚や能力に関する考察と、そのときに輪廻の主体となるものの分析と実相について詳述している。

いずれにしてもこの死の章が、修道者にとっても仏道を求道《ぐどう》する者にとっても最も重要な章となるので、よく熟読してマスターしてほしい。

◉閻浮提の人たちのはじまりについて

この世界ができたばかりの閻浮提《えんぶだい》（人間世界）の人たちは以下のような特徴をもっていたと『死者の書』は語りはじめる。

母胎、卵、水などのよりどころをもたず、忽然《こつぜん》と生まれる化生《けしょう》であること。

ひとりひとりがとても長生きであること。

すべての人間は、五体満足であること。

身体から自然に放出される光（オーラ）に包まれた肉体をもっていること。

仏のもつ身体的な素晴らしい特徴を兼ね備えていること。

固形物によらず、心の喜びを食物として摂取して生きていること。

すべての人間が非常に優れた超能力（神通力）をもち、自在に虚空を行きうること。


しかし、やがて人間は少しずつ堕落するようになってくる。

この様子をパンチェン・ラマ一世ロサン・チョゲン（一五七〇―一六六二）は『生起次第の悉地《しっち》の海の心髄』という書物のなかで詳しく述べている。

ここで要約して説明すると、以下のとおりになる。


まず地上には、素晴らしくよい味、ちょうど煮ていない蜂蜜のような味で、色は新鮮なバターのようなものが満ちていた。

それをある者が、前々世から重ねてきた固形物を食べる行為が意識の奥に蓄積された余力（習気《じっけ》）のために指先にとって食べてみた。たぶんおいしかったのだろう。それを見ていたほかの者たちもこぞってそれを食べてしまった。

この結果、身体から放出される光は消え、神通力は衰え、闇が生まれた。そして、一か所に集まって皆で悩んだ業《ごう》（行為のこと。心の働きや言語も含まれる）によって、太陽と月が生まれた。この業によって、はじめて日時という時間の概念ができたという。

そのとき、地上の食物をたくさん食べた者は汚い色になったが、少ししか食べていない者は素晴らしい色を保っていたので、素晴らしい色の者が、自分は素晴らしく、お前は劣っていると罵《ののし》った。その業によって、地上の食べ物はすっかりなくなってしまった。

今度は、煮ていない蜜のような素晴らしい味で、トンカの花のような色をしたものが地上にあふれた。人々はそれを食べたが、先と同じ過程をたどってすっかりなくなってしまった。

次に、カタムプカの花のような色をした、似た味のものが地上にあふれたが、これも同じようになくなってしまった。

次に米の表皮のないもので、根の深さが指の四本分の長さくらいのものが地上に満ちあふれた。これらのものは耕作を必要とせず、朝植えたら朝実り、夕方植えたら夕方実るものだった。しかし、粗雑な食物であったので、それを皆が食べるようになったことで、排泄物として大小便をするようになり、男根・女根をそなえるようになってきた。

次に、過去世から意識に蓄積されてきた性行為を行うという余力（習気）をともなう二人が、たがいに見つめあって性行為を行った。ほかの者たちはそれに対し、石を投げて不倫をなしたと口々に罵ったので、その二人は性行為を他人に見られないように壁や屋根などをつくった。これが家のはじまりである。

こうしたことと並行して、人は化生から子宮で息づく胎生《たいしょう》へ変わっていった。

あるとき、毎日実っていた食物を、ある怠け者がその日と次の日の二日分の食物をまとめて収穫した。それを見たほかの者たちが真似て、何年分もの食物をまとめて収穫し貯蔵するようになった。その業によって、放っておいても実っていた食物は生育を停止したので、種を蒔《ま》いて耕作する必要が生じてしまった。

あるときひとりの者が、自分の米に満足せず、他人の米を盗んだことにより、交互の争いや非難がはじまった。そのことを発端として、しだいに十不善業《じゅうふぜんごう》、すなわち殺生《せっしょう》、偸盗《ちゅうとう》（盗み）、邪淫《じゃいん》、妄語《もうご》（いつわり）、綺語《きご》（ざれごと）、悪口《あっく》、両舌《りょうぜつ》（二枚舌）、貪欲《とんよく》（むさぼり）、瞋恚《しんに》（いかり）、愚痴《ぐち》が成立していった。

その人たちのうち、正直でよい生活の者が官吏に任命されて、法の制度や処罰を実に正しく執行したので、その人に対し、年の収穫量の六分の一を皆が献上するようになった。それが王のはじまりである。「人々が尊敬する王」と呼ばれたこの人の子孫が釈迦《しゃか》族である――。

◉無上瑜伽タントラの基礎用語

無上瑜伽タントラは独特の身体観をもっている。そのなかでも、特に基本となる概念が次に紹介する「風《ルン》」である。

化生から胎生（子宮で息づくもの）へと変わってきた人間の肉体には、地・水・火・風・脈管・体液の六つの要素に加え、父より得た骨、筋肉、精液の三つと、母より得た肉、皮膚、血液の三つ、すなわち六界《ろっかい》が備わるようになっていった。そのような人を「閻浮提の人」「胎生の六界をともなう者」というが、無上瑜伽タントラの教えを修道して、濁世の短い一生でブッダとなることが可能な人というのは、そのような閻浮提の胎生の六界をともなう者であるといわれている。

先ほど述べたが、三阿僧祇劫かけて修行をし成仏を目指す波羅蜜乗の菩薩と違い、無上瑜伽タントラにおいてブッダになる資格のある人は、天界や修羅世界に生まれた人ではなく、この娑婆《しゃば》世界（人間界）に生まれた人間であるということが条件なのである。これは、赤・白の精液や地・水・火・風・脈管・体液の六つの要素などの体内にあるものを利用することなくしては、即身成仏はできないためである。

ゲルク派において想定されている身体観についてはあとで詳しく出てくるが、ここでは簡単にその構造と関係を述べておこう。

◎風（ルン）

風《ルン》は道教でいう〝気〟やヨーガでいう〝プラーナ〟に相等すると思われる。無上瑜伽タントラでは、われわれの日常の活動を成立させているのは、この風《ルン》だとしている。

ゲルク派では、風《ルン》は常に意識とともにあるとする。このことをパンチェン・ラマ一世ロサン・チョゲンは、「眼は見えるが足に障害をもつものを〝意識〟、健康な足をもっているが眼が見えないものを〝風《ルン》〟とする。両者が力を合わせて目的地に行くように、意識も〝風《ルン》〟に乗って認識対象に届く」として、両者を不可分の関係と述べている。

われわれの全身のどこにでも意識はあるが、そこには不可分の関係の風《ルン》もある。いや、むしろ風《ルン》があるからこそ、それに乗って意識がそこまで届くことができると考えるのである。

◎脈管

風《ルン》の胎内における霊的な通路を脈管と呼ぶ。

脈管は身体全体で七万二千管あるといわれているが、これらの中心は背骨の前を通る中央脈管（ウマ）、右管（ロマー）、左管（キャンマー）の三管である。

中央脈管の上端は頭頂を通って眉間《みけん》まで伸び、下端は性器の先端に至っている。この中央脈管に並行して左右管も上下に走っている。そして左右から中央脈管の頭頂、喉、臍《へそ》、性器などの位置で一回ずつ、胸の位置で三回ずつ、左右あわせて計十四回からみついているため、通常、中央脈管は風《ルン》が入らない真空状態となっており、風《ルン》は、左右管を中心として全身をかけめぐっている（167ページの図も参照）。

◎不滅の滴

中央脈管の胸の位置には、上半分が白で下半分が赤の〝不滅の滴《ミシッペー・ティグレ》〟と呼ばれる小さな玉状の粒がある。

この中には非常に微細な意識と、その乗り物である非常に微細な風《ルン》が入っている。この意識と風《ルン》こそが、われわれが輪廻していく際に、前世から今世、来世へと流れが断たれることなく続いていくものである。たとえば、今世に人間である人の眼の意識と、来世に動物に生まれるその人の眼の意識では流れが断たれている。しかし両者の胸の奥にある非常に微細な意識と風《ルン》は連続していると考えるのである。

この非常に微細な意識は通常は眠っている状態にある。人間が日常使っている意識は、これよりずっと粗いレベルの意識である。前世から今世、来世へと続いていく微細な根源的意識、今世のみでしか活動しない粗大な意識、この二つは同時に活動することはなく、一方が活動しているとき、他方は活動を停止している。死に際して、粗大な日常意識が活動を停止した後、微細な根源的意識が覚醒するとされる。

パンチェン・ラマ一世ロサン・チョゲンは、『五次第の心髄』という書物のなかで次のように述べている。

「通常粗い身体（風《ルン》）と意識が活動しているときは、微細の身体（風《ルン》）と微細の意識の活動は潜伏して眠った状態にあるが、逆に微細の身体（風《ルン》）と意識が活動するとき、最初の二つ（粗いレベルの身体と意識）が潜伏して眠った状態となる」

死に際しては、七万二千管の風《ルン》はすべて、まず左右管の中に入り、次に左右管から、通常は真空状態の中央脈管にそそぎこまれ、最終的にすべての風《ルン》が中央脈管内の胸にある

〝不滅の滴《ミシッペー・ティグレ》〟の中に染み込む。これによって、通常眠っている非常に微細な意識と風《ルン》が覚醒し、来世へと旅立ちはじめるのである。同時に、通常のすべての粗いレベルの意識は壊されて、肉体的な死に至る。

このとき、身体のどこか一部にでも粗い風《ルン》が残っていれば、肉体的な死はない。なぜなら、身体のどこか一部に粗い風《ルン》が残っているということは、身体のどこか一部に粗いレベルの意識が残っていることを意味するからだ。

そうすると、来世に行くために必要な非常に微細な意識と風《ルン》の覚醒が起こらないため、死には至れないというわけである。

◎粗い二十五のもの

無上瑜伽タントラでは、現在の人間を構成する要素を、四組、二十五のカテゴリーに分類している。これらを総称して、〝粗い二十五のもの〟という。それは以下のようなものだ。

五蘊《ごうん》——われわれの存在を構成する以下の五つの要素。

色蘊《しきうん》

身体および物質のことをいう。

受蘊《じゅうん》

感受作用のことをいう。

想蘊《そううん》

心に浮かぶ表象作用を指す。

行蘊《ぎょううん》

受・想以外の心の作用一般。たとえば怒り、執着《しゅうじゃく》など。

識蘊《しきうん》

認識作用、また意識そのものをいう。

基時《きじ》の五智《ごち》——本来、五智とは、大日如来の五つの智慧を指すが、無上瑜伽タントラではそれらの五智の原因となるものが凡夫《ぼんぶ》のときからあると考え、基時（凡夫のとき）の五智という。

基時の大円鏡智《だいえんきょうち》

鏡に影像が映るように、多くの対象を一度にはっきり心に現す意識。

基時の平等性智《びょうどうしょうち》

楽、苦、そのどちらでもないもの、という三つの心を感ずる意識。

基時の妙観察智《みょうかんざつち》

親族などの各々の名前を思い出す知識。

基時の成所作智《じょうしょさち》

世間的な活動やその目的を想念する意識。

基時の法界体性智《ほっかいたいしょうち》

〝死の光明〟の意識。これについてはのちに詳述する。

四界《しかい》――地・水・火・風。

六処《ろくしょ》（六根《ろっこん》）――六つの感覚器官・認識能力。視覚、聴覚、臭覚、味覚、触覚の五つと、認識し思考する心。眼《げん》、耳《に》、鼻《び》、舌《ぜっ》、身《しん》、意《い》。

五境《ごきょう》――五つの感覚器官の対象、色《しき》、声《しょう》、香《こう》、味《み》、触《そく》。元来これらの五境は色蘊に含まれるが、ここでは色蘊とは別立てであつかう。

以上の二十五の要素は、以下の五つのグループに分けることができる。そして、肉体が死んでいくとき、それらは同時にそれぞれ衰弱しながら失われていくのである。

第一のグループ――色蘊族の五つの要素

色蘊、基時の大円鏡智、地界、眼根、五境としての色。

第二のグループ——受蘊族の五つの要素

受蘊、基時の平等性智、水界、耳根、五境としての声。

第三のグループ——想蘊族の五つの要素

想蘊、基時の妙観察智、火界、鼻根、五境としての香。

第四のグループ——行蘊族の五つの要素

行蘊、基時の成所作智、風界、舌根、五境としての味。

これらの四つのグループに加え、最後の第五のグループである、識蘊族の五つの要素（ほかと異なる）と身根と触があるが、これについてはのちに詳述する。

肉体が衰え、死に至ろうとする者は、死への過程で以上の五つのグループの要素が、順々に衰弱しながら、失われていくのである。

以上のことは『死者の書』をよりよく理解するための基本となる予備知識である。大まかにでも、頭に入れておいてほしい。

◉死への過程

◎色蘊族の五つの要素が染み込む兆し

ここからは、実際に肉体が衰え、死に至る過程において起こってくる、肉体の表面的、物質的な現象（兆《きざ》し・印《しるし》）について順に解説する。

「染み込む」という表現が多く出てくるが、これは本文でも説明されているとおり、いろいろな要素や能力が収縮し衰弱していくことによって、他の要素や能力が際立って見えてしまうことを指している。

死に至る人が、まずはじめに失っていくのは、色蘊族の五つの要素である。これらの要素を失っていく過程では、さまざまな兆し、印が身体の内外に現れてくる。

色蘊が染み込んだこと、すなわちその力を失くしたことを示す兆しとして、手足が少し細くなり、肉体が衰弱して力がなくなってくる。

次に、基時の大円鏡智が染み込んだ兆しとしては、眼がすっかり見えなくなり、地界が染み込んだ兆しとして、肉体の大部分が乾き、各部が緩《ゆる》んで、身体が地中に沈み込んでいくような感じを受ける。また、眼根が染み込んだ兆しとして、瞼《まぶた》が開閉できなくなり、五境としての色が染み込んだ兆しとして、身体の光彩が失われていくのである。これらの要素はほぼ同時に失っていく。

これらを失った印として、突如、意識のなかに〝陽炎《かげろう》のようなもの〟と呼ばれるヴィジョンが現出する。それはまるで、春、砂の上に日の光が照りつけたとき、チラチラと反射するような水色のきらめきに満ちた光景に似ている。

◎受蘊族の五つの要素が染み込む兆し

色蘊族の五つの要素が染み込んだ人に次に訪れるのは、受蘊族の五つの要素の喪失である。まず受蘊が染み込んだことを示す兆しとして、苦しいとか、楽だとか、そのいずれでもないといった感覚が希薄になってくる。

次に、基時の平等性智が染み込んだことを示す兆しとして、心において苦しいとか、楽だとか、そのいずれでもないといった感覚、たとえば、胃が痛むとか、胸が苦しいなどの感覚とは違った、幼い子供の将来に対する漠然とした不安からくる心痛などのような苦しみを感受しなくなるのである。

水界が染み込んだ兆しとして、唾、汗、尿などの体液の大部分が乾ききってしまい、耳根が染み込んだ兆しとして、身体の内外いずれの音も聞こえなくなる。最後に、五境としての声が染み込んだ兆しとして、耳鳴りなども聞こえなくなってしまう。

これらの要素をすべて同時に失くした印として、今度は意識に〝煙のようなもの〟と呼ばれるヴィジョンが現出する。それは煙だらけの中で、煙突から煙がどんどん出てくるような、空間に藍色《あいいろ》の大気が充満したような光景である。

◎想蘊族の五つの要素が染み込む兆し

次に想蘊族の五要素が染み込んでいく。

想蘊が染み込んだことを示す兆しとして、父母など誰が親族なのか、しだいに思い出せなくなっていく。

次に、基時の妙観察智が染み込んだ兆しとして、親族の名前が思い出せなくなっていく。

火界が染み込んだ兆しとして、体温が徐々に下がっていき、飲み物や食べ物が消化できなくなってしまう。

鼻根が染み込んだ兆しとして、鼻から激しく息を吸って吐くことが難しくなってくる。

また、五境としての香が染み込んだ兆しとして、すっかり匂いがわからなくなってしまうのである。

これらの要素が同時にすべて染み込んだことを示す兆しとして、〝蛍《ほたる》のようなもの〟と呼ばれるヴィジョンが心中に現出する。それは煙突より藍色の煙がもくもく出ている中に、赤い火花がチラチラ見えるような光景、あるいはネギなどを炒《い》った鍋の裏の汚れの中に、赤い火花が残っていて、それが少しずつ消えていくような光景である。

◎行蘊族の五つの要素が染み込む兆し

次に同じように行蘊族の五要素が染み込んでいく。

行蘊が染み込んだことを示す兆しとして、身体を揺らすこともできなくなってくる。

また、基時の成所作智が染み込んだ兆しとして、世間的な活動やその目的など、たとえば食事をしたり寝たりすることの意味や目的がわからなくなってくる。

風界が染み込んだ兆しとしては、全身にある十の中心的な風《ルン》（21ページ注を参照）が、胸の〝不滅の滴《ミシッペー・ティグレ》〟に向かって移動をしはじめる。呼吸はこの段階で止まってしまう。

舌根が染み込む兆しとして、舌がザラザラになって短くなり、つけ根が青くなる。

また、五境としての味が染み込んだ兆しとして、甘い辛いなどの六味がわからなくなってしまう。

このとき同時に、身根と五境としての触も溶け、その兆しとして、皮膚が通常感じるツルツルとかザラザラといった感覚を感じる感受能力がすっかりなくなってしまうのである。

これらの要素がすべて同時に染み込んだことを示す印として、意識には〝灯明《とうみょう》を燃やすようなもの〟と呼ばれるヴィジョンが現出する。それは、まるでロウソクが燃え尽きるときの炎の動きに似ていて、その炎の舌が大小に大きく揺れるような光景だといわれている。

この段階で同時に〝粗い二十五のもの〟のうち、識蘊、基時の法界体性智、六処のうちの意など、要するに意識に関わるもの以外のすべての要素は失われてしまうのである。

◎識蘊族の五つの要素について

死に至る過程は、ここからさらに深いところに入ってゆく。

そのはじめの段階として、識蘊族の五要素の分類と解説をする。

ここで使われている訳語は、そのほとんどが、チベット密教独自の術語であるために、多少受け入れにくい点があるかもしれないが、実に巧妙に心に起こる現象を言葉として置き換えたものなのである。その意味あいを素直に受けとめ、読み進めてほしい。

識蘊族の五要素とは以下のものをいう。

①八十自性《じしょう》の分別《ふんべつ》の心
②真っ白に現れる心
③真っ赤に輝く心
④真っ黒に近づく心
⑤死の光明

これらの五要素は、これまで分類解説してきた各族の五要素と違い、同時に染み込む（衰弱する）ことはない。これらは、①→②→③→④→⑤の順で心に現れてくる。これは、真の死に近づく過程であると同時に、粗かった意識が順に消滅していくことで、しだいに微細な意識になっていく過程を示すものである。

構造としては、①は最も粗いレベルの心が日常で用いる八十自性の分別の心、次の②③④は八十自性の分別の心の元となっていた微細な心である。ここまでが、今生で用いていた粗大な心とその元になっていた心で、死に際して消滅してしまうものである。⑤はそれらの心が消滅した後に覚醒する、非常に微細で根源的な心である。

①……………八十自性の分別の心

ここではパンチェン・ラマ一世ロサン・チョゲンの分類と解説にしたがって、その個々の心の働きを説明をする。

望まない対象を嫌う大中小の三つの心の働き
好きなものと離れることを悲しむ大中小の三つの心の働き
落ち着いた冷静な心と、喜びの二つの心の働き
好きでないものに恐怖を感じる大中小の三つの心の働き
愛着のある対象に執着する大中小の三つの心の働き
五官の欲望を満たし、それを保ち続けたいと思う心の働き
善に対して疑いをもつ心の働き
飢えと渇きを満たしたいと思う二つの心の働き

楽、苦、そのどちらにも偏らない中道の感覚をもつ大中小の三つの心の働き
理解する人、理解する行為、理解されるものを分別できる三つの心の働き
合理不合理を吟味する二つの心の働き
罪を恥じる心の働き
ほかの人が苦から離れることを望む慈悲の心の働き
愛する者を守ろうとする慈《いつく》しみの心の働き
愛する者に会いたいと願う心の働き
何かに対して疑惑をもつ心の働き
ものを集めたがる心の働き
他人の成功を憎む嫉妬の心の働き

以上の三十三の心は〝真っ白に現れる心〟という、とても微細な意識と深く関係している。

得たいと思っても得ることができない対象に執着する心の働き
単純に得た対象に執着する心の働き
快適な対象を見ることによって生ずる大中小の三つの喜びの心の働き
目的が成就したことによる安楽の心の働き

繰り返し、何度も何度もその良さを考える心の働き
以前なかったものを見るときの心の働き
ものを失くしたときに感じる落胆の心の働き
対象に満足する心の働き
抱擁と接吻と触れあいをなしたいと思う三つの心の働き
心変わりのない心と、良いことに専念したいと思う心と、慢心の三つの心の働き
仕事を成功させようと思う心の働き
他人の宝を奪おうとする心の働き
他人を打ち負かそうとする心と、そのことを努力しようとする心の二つの心の働き
傲慢《ごうまん》さによって、悪いことをしようとする大中小の三つの心の働き
意味もなく聖者に対していいがかりをつけようとする心の働き
好ましいものを見ることで快楽に耽《ふけ》ろうとする心の働き
仇《かたき》を恨む心の働き
良い行いをしようと努力する心の働き
他人が理解してくれることを望む心の働き
どんなことも正直に言いたいと思う心の働き
真実でないことを言いたいと思う心の働き

誓いを固いものとする心の働き
なにか感情を傾ける対象物をもちたくないと思う心の働き
財を捨てようとする心（布施《ふせ》の心）の働き
怠惰な者にやる気を出させるよう促《うなが》したいと思う心の働き
敵に勝ちたいと思う心の働き
悪いことをあえて避けずに行おうと思う心の働き
捏造《ねつぞう》して欺《あざむ》こうとする心の働き
劣悪なものの見方を好んでする心の働き
ほかを軽蔑する心の働き
不正直な心の働き

以上の四十の心は〝真っ赤に輝く心〟という、さらに微細な意識と深く関係している。

対象をほしがったりせず、ほしがらないこともしない中道の心の働き
健忘によって記憶が弱まる心の働き
陽炎を水と識別してしまうような心の働き
ものを言いたがらない心の働き

なにごとにおいても煩わしく感じる心の働き

怠惰な心の働き

そうであるかないかと思う疑いの心の働き

以上の七つの心は〝真っ黒に近づく心〟という、より微細な意識と深く関係している。

このように、〝八十自性の分別の心〟とは、われわれの日常生活において使われるさまざまな心のあり様を総称したものである。

さて、この〝八十自性の分別〟には、その思いの強さに強弱がある。

たとえば、①「愛着のある対象に執着する心」と②「単純に得た対象に執着する心」と③「対象をほしがったりせず、ほしがらないこともしない中道の心」の三者では、思いの強さは①が一番強く、次に②で、③が一番弱いということがわかると思う。八十自性の分別を、これらの思いの強さによって分けたのが、先にあげた三つのグループである。

分別は意識の働きだから、その乗り物である風《ルン》をいつもともなう。無上瑜伽タントラでは、これらの思いの強さはその乗り物である風《ルン》の強弱に直結していると考える。そして、風《ルン》の強・中・弱によって三つに分類された各グループの心には、それぞれのグループに共通するそれらの心を生み出す原因となるものが存在する。これが〝真っ白に現れる心〟〝真っ赤に輝く心〟〝真っ黒に近づく心〟なのである。

日常のさまざまな心のあり様を生み出すこの三つの意識と風《ルン》は、とても微細であるため、通常はさまざまな粗いレベルの心の陰に隠れてしまい、認識することはできない。しかし眼根などの五根が機能を失い、粗い八十の分別が染み込んだ後、最後に残った意識として、死にゆく者の前に明瞭にその姿を現すのである。

ゲルク派の開祖ツォンカパは、〝八十自性の分別〟の自性という言葉は、その思いの強弱によって、どの微細な意識が原因となって生み出されたものかを示す目印であると、究竟次第を学ぶためのテキスト『五次第を明らかにする灯明』で強調している。

②……………真っ白に現れる心

粗い心である八十自性の分別が染み込みはじめたとき、つまり、行蘊族の五要素が染み込み終わったときに、心には〝灯明を燃やすようなもの〟と呼ばれるヴィジョンが現れる。

そして八十の分別が溶け終わったとき、雲ひとつない秋の夜に月光によってあまねく満たされた虚空《こくう》のような、とても澄み切った清浄な白いヴィジョンが心に現出する。これが〝真っ白に現れる心〟である。このようなヴィジョンが現れる縁《えん》、つまりきっかけになったのは、胎内における次のようなできごとである。

胸より上の左右の脈管のすべての風《ルン》が、中央脈管の上の穴から入ったことで、頭頂にある左右管の結び目がほどける。頭頂の左右管の結び目の位置には、脈管がたくさん集中しているチャクラがある。このチャクラの中には、父親から得た白い精液の一部が入っている。この精液は伝承ではチベット語の ཧཾ (haṃ《ハム》) の文字を逆さにした形をしていて、水の性質をもっているといわれている。これが左右管の結び目がほどけたことで、高きから低きへ流れる水の性質によって中央脈管を下っていき、胸にある六つの結び目の上まで来る。この間に、心には先に述べたような光景が現れるのである。

この〝真っ白に現れる心〟を別名「顕明《けんみょう》」あるいは「空《くう》」と呼ぶのである。

③……真っ赤に輝く心

この〝真っ白に現れる心〟、すなわち「顕明」が染み込んだとき、〝真っ赤な輝き〟と呼ばれるヴィジョンが心に現出する。それは、雲ひとつない秋の晴天を太陽の光があまねく満たしたような、「顕明」よりずっと清浄で晴朗なヴィジョン、とヤンチェン・ガロは述べている。しかし、十九世紀の学僧シェーラプ・ギャムツォは、夕焼けのようなヴィジョンとして表現しているとギュメ寺第百一世管長ロサン・デレ師がわざわざ指摘された。実際、観想する際はこちらのほうが適切と思われる。

いずれにせよ、このようなヴィジョンが発生するのは次のようなできごとによってである。

まず胸より下の左右脈管のすべての風《ルン》が中央脈管の下の穴（性器の先端）から入ったことで、

性器のつけ根にある左右管の結び目がほどける。次に、臍の位置にも重要なチャクラがあるが、この中には母親から得た赤い精液（経血）がの形で存在している。これは火の性質をもち、左右管の結び目が解けたことにより中央脈管を上昇していって、胸にある六つの結び目の下にまで到達するのである。この間に、〝真っ赤な輝き〟のヴィジョンが心に現出する。

この〝真っ赤に輝く心〟を別名「顕明増輝《けんみょうぞうき》」、あるいは「甚空《じんくう》」と呼ぶ。

④……真っ黒に近づく心

【前半】

〝真っ赤に輝く心〟が染み込んだすぐ後に、〝真っ黒に近づく心〟と呼ばれるヴィジョンが心に現出する。それは秋の晴天の日のたそがれどきに、厚い暗黒が満ちたようなヴィジョンだ。

このヴィジョンが発生するきっかけとなったのは、体内における次のようなできごとである。

中央脈管の中で上からの風《ルン》と下からの風《ルン》が胸まで届いたことにより、胸の六つの結び目をほどいて、上からは白い精液を下ろし、下からは赤い精液を上に押し上げるのである。中央脈管の胸の位置にあるチャクラの中には、〝不滅の滴《ミシッペー・ティグレ》〟（上半分が白、下半分が赤）の粒子がある。この粒子に、上からの白い精液と下からの赤い精液がわずかに触れることをきっかけとして、前記のようなヴィジョンを心に現出させるのである。

この〝真っ黒に近づく心〟を「近得《きんとく》」、あるいは「大空《たいくう》」と呼ぶ。

【後半】

「近得」の状態では、しばらくすると意識を喪失し前後不覚の状態となる。一切何も心には現れない。卒倒したときに突然視界が閉ざされるような感覚に似た暗黒の状態になる。これは近得も消滅し、今生で用いてきた意識はすべて消滅してしまったが、まだ非常に微細な根源的意識は覚醒していない段階である。

私のイメージとしては、交差点で前方の信号が赤に変わり車は停止させたが、左右の信号がまだ青になっていない状態と似ている。交差点の中には車はないが、同様に、今生の粗大な意識はすべて消滅し、来世に向かう非常に微細な根源的意識が覚醒直前で、意識が一切の活動を停止している状態である。

⑤……………死の光明

中央脈管の上下から赤と白の精液がそれぞれ〝不滅の滴《ミシッペー・ティグレ》〟に染み込み、中央脈管内に入ってきたすべての風《ルン》が、その中にある根源的な風《ルン》に染み込んだとき、今まで眠っていた根源的な意識が覚醒する。

このとき心には、秋の晴れた空において、今まで現れた月光・日光・暗黒という光明の段階の汚れた三つの縁を離れた、虚空そのものの色、まさにそのような晴朗で非常に清浄なヴィジョンが現れる。それは空性を直観的に理解したときの、主観と客観との対立を離れた状態によく似ていて、認識される側と、認識する側が、牛乳に水を混ぜたように渾然《こんぜん》一体となった状態であるといわれている。

このことを〝死の光明〟と呼び、いわゆる「一切空《いっさいくう》」の状態となる。死とはまさにこのときをいう。

この光明を体験している間は、死後硬直はせず、肉体は腐ることがない。普通の人はこの状態にしばらく（三日ほど）とどまる。時間がたち、鼻血が流れ、精液が放出されると、腐敗が始まり死臭がたちはじめる。古い肉体から意識が離れたのである。

しかし、病気で体力がとても衰弱した人は、何日たってもこの兆しが現れないことがある。また、高い境涯に到達した無上瑜伽の修道者は〝死の光明〟を仏の法身に融合させることによって、三日間よりずっと長い間とどまるケースもある。私の師、ロサン・ガンワン師がインドへ亡命したばかりのとき、ダローシーという場所で一人のラマが亡くなったのだが、そのラマは七日間にわたって死の兆しが現れず、肉体は腐らなかったそうだ。こうした状態をトゥクタムという。


またここでは、秋の空が譬《たと》えにあげられているが、それは地上の塵《ちり》が虚空に舞い上がっているのを、夏の雨が落とし、雲により空が隠されてしまうことのない晴朗な空模様が多いのが秋の空であるからだという。

また虚空とは、何もない空（から）の状態をいい、同時にさまざまな妄分別《もうふんべつ》（迷い）のない心の状態を示す。つまり、障害物がないから空（そら）を見ることができるということを譬えにすることによって、粗い分別のない、微細な心を認識できることを象徴的に示しているのである。

ただ、ここで注意しておかなければならないのは、〝死の光明〟の体験は、空性を直観的に理解する体験と似てはいても、決してイコールではないということである。もし、〝死の光明〟によって空性を感じ、ブッダの境涯に達したとするならば、肉体的な死を迎えることによってすべての人に四空《しくう》（空・甚空・大空・一切空）は現れ、誰でも死ぬだけで努力することなく解《げ》脱《だつ》してブッダとなることになってしまう。

前述したように、四空とは、それぞれ〝八十自性の分別〟が染み込んだ状態を「空」、〝真っ白に現れる心〟が染み込んだ状態を「甚空」、〝真っ赤に輝く心〟が染み込んだ状態を「大空」、〝真っ黒に近づく心〟が染み込んだ状態を「一切空」と呼ぶのであり、それは粗いレベルの意識が染み込んでなくなったことを指すだけで、仏教でいう「空性」とは違う現象である。

仏道を修道していない普通の人の場合は、存在するものすべてを不変の実体あるものとして認識し、執着から離れることができないので、死ぬことによっても意識の変革はなされず、いつまでも輪廻転生を続けることになるのである。

◉〝子の光明〟と〝母の光明〟と〝母子の光明の混合〟

次に、〝子の光明〟と〝母の光明〟という術語について解説する。

修道者の修練の結果、現出した光明を〝子の光明〟というのに対し、一般人が死の瞬間に体験する光明を〝母の光明〟と呼ぶ。

少し詳しく説明すると、修行者が達成する〝子の光明〟では、中観《ちゅうがん》の空性の理解を確信し、覚醒時に中央脈管に風《ルン》を入れ、とどめて、染み込ませることで生じた四空を習熟《しゅうじゅく》させて、最終的にここで心に現れる光明を空性の理解に昇華させる修行を行う。

たとえば中有の章でも、「今、われわれが眠りについたとき、死を迎えたときと同じような睡眠の場合の四つの兆しと四空が一瞬だけ現れたのち、〝眠りの光明〟が現れる」という記述がある。

つまり、われわれは誰しも気づかないだけで、実は、眠る際にも三空を経て〝眠りの光明〟に入るという過程を経ている。そして、昼間の覚醒時になした行によって、空性を理解する智慧として四空を現出できるようになった修道者は、睡眠時に現れる四空を、それと自覚して把握し、同様に空性の理解に融合させることを学ぶ。それができるようになれば、死ぬ際に〝死の光明〟を〝修道の光明〟に融合させることができる。これを〝母子の光明の混合〟というのである。

シェーラプ・ギャムツォが「それが母子［の光明の］混合であり、今日、トゥクタムとして知られているもので、［これが］死の法身との混合である」（『五次第の赤註覚書』）と記しているとおり、今日、チベット社会で知られているトゥクタムとは、まさにこの母子の光明の混合のことなのである。

そしてこれは、生起次第でいう〝死を法身へと展開する観想〟のほんとうの意味での実践と考えてよいだろう。

ダライ・ラマ法王は二〇一六年のチッタマニターラ灌頂《かんじょう》の際に、「凡夫は死ぬ際に光明を意識することはできないが、日ごろ鍛錬している成就者はそれを死の光明としてとらえることができる」とおっしゃっていた。

つまり、普通の人は死の恐怖に狼狽するあまり、〝死の光明〟をそれと気づくことがない。しかし、熟練した修道者は、〝死の光明〟が近づいたとき、心に準備ができており、これに〝子の光明〟を重ね合わせることができる。この〝母子の光明の混合〟が表面化した現象がトゥクタムの状態なのである。

私の留学先であったゲルク派の密教総本山ギュメ学堂でもそのようなことがあった。一九九五年のことである。それを知らせる以下の手紙を見ていただきたい。送り主はギュメ寺の学僧イェーシェー・ドルジェ師で、彼とは、後に二〇〇六年の宮島でダライ・ラマ法王が金剛界と大日経の灌頂を勤修《ごんしゅ》された際、来日して通訳のサポートをしていただいた間柄である。

「（前略）本山の前経頭《きょうとう》のロサン・ヤン長老が遷化しました。その今際《いまわ》の際《きわ》、『人生を振り返るに、以前にチベットから亡命するときに、一人の軍人から短銃を奪ったことがあった。その悪業はだいぶ前に懺悔《さんげ》し、浄化し終わっている。お前たち、不放逸《ふほういつ》で精進せよ』とおっしゃってから遷化されました。そして十三日間、トゥクタムにとどまられました。私たちがおくやみに行った際には、お体が小さくなっておられた。死臭がないのはもちろん、威厳のオーラは以前のままでした。拝見していると、自然に〝自分も死の苦で押しつぶされそうになったら、このように死を修行の境地に転換することができないものだろうか〟と心が揺さぶられ、感動しました。ほかにお伝えすることはありません。すぐにお会いできるよう祈願を込めて。ギュメから法の友イエーシェー・ドルジェが送ります」

トゥクタムは、日本語に直せば「ご修行」という意味である。弘法大師空海は六十二歳で承和《じょうわ》二年（八三五年）三月二十一日の寅刻（午前三〜五時）に入定《にゅうじょう》したとされるが、トゥクタムはまさにその「入定」という訳語がふさわしいと思われる。

ロサン・ガンワン師の師匠の一人、ギュメ寺第八十八世ロサン・トゥントゥプ師が一九七七年に遷化されたとき、すでに肉体は死んでいたにもかかわらず、その師匠の顔にはたくさんの汗が吹き出してきたという。師がそのことをダライ・ラマ法王に報告すると、法王は、「〝母子の光明の混合〟が成就した証《あかし》だ」と師に伝えられたという。

さて、この〝母子の光明の混合〟ができれば、必ず即《そく》悟りに向かうというわけではない。その後は、次のような三つのケースに分かれるとされている。

①『秘密集会タントラ』の究竟次第に説かれる定寂心《じょうじゃくしん》の境地に至っている場合、
②究竟次第に進んではいるが、定寂語《じょうじゃくご》以下の境地の場合、
③究竟次第にはまだ進んでいない生起次第の実践者の場合、である。

まず①の場合は、〝母子の光明の混合〟は定寂心次第の最終階梯の〝譬えの光明〟となる。この段階にある行者は、中有の章で説明する〝幻身《げんしん》〟を経て、成仏へと進んでいく。

②の段階の行者は一度再生し、その生で残りの行を成満《じょうまん》して成仏する。

③の段階の行者は何度か再生を繰り返すが、悪趣《あくしゅ》（六道のうちの地獄・餓鬼・畜生の世界）に生まれることはなく、密教を成就する特別な人として生を受け続け、それほど多くの生を受けずに成仏する。

もちろん、誰もが〝母子の光明の混合〟を達成できるわけではない。それは修行を積んでいるチベット僧でも同じである。

しかし、生・死・中有の構造を知り、生起次第や究竟次第の構造を理解することには大きな功徳があるとされる。

無上瑜伽タントラの『チッタマニターラ』の註釈には、「生・死・中有の三者と法身・受用身・変化身の混合の仕方が死ぬ前に理解できていれば、死の直前にラマによって三昧耶戒《さんまやかい》を回復しうるなら、死の光明を道の光明に転換しえなくとも、空性の清浄な見解を得ずとも、中有を意識上の尊身《そんしん》として起こしえずとも、ラマの口訣《くけつ》で生まれる場所の選択などができなくても、密教を成就する素晴らしい身体に生まれて、密教の道を誤らずに示す善知識《ぜんちしき》と遇《あ》って、特別な境地を生じて、それから悪趣に生まれることはありえず、すべての生において密教を成就する身体にのみ生まれる」という趣旨のことが述べられている。

したがって、まず構造を知ることがどれだけ意味のあることかわかるだろう。

◉「空性」について

最後に、チベット密教、そのなかでも特にゲルク派のとらえる「空性」の概念について少し解説しておきたい。

ツォンカパと彼のとらえる空性観について、私はロサン・ガンワン師から次のようにうかがっている。

ツォンカパの禅定《ぜんじょう》（瞑想）はとても深く、法要が終わって皆が出ていっても気がつかないほどのものであった。

ツォンカパはこのきわめて深い禅定の境涯を「空性」を直観した境地だと考え、師僧のウマパを通訳にして、直接文殊菩薩《もんじゅぼさつ》に、自分の理解している空性は中観プラーサンギカ派（自性によって存在するものはないという考え方）と中観スヴァータントリカ派（存在はそれ自体のあり方によって成立しているのではないが、自性によって存在しているとする考え方）のいずれのものでしょうか、と尋ねてみた。

すると文殊菩薩は「そのいずれでもない。お前が空性だと思っているものは空でも何でもない。しかし福徳をしっかり積むなら、やがて必ず空性を理解するときが来るだろう」と告げた。

ツォンカパは大いにショックを受け、その後、仏に何十万回も五体投地の帰依《きえ》の行を行い、また何十万回も石のマンディラをつかんで供養する行を行ったため（本来は米をつかんで行う）、手は傷だらけになったという。そんなある夜、中観プラーサンギカ派の祖ブッダパーリタが夢に現れ、ツォンカパの頭に『中論註』を置いた。翌日その『中論註』を読んでみると、今までわからなかった「空」が完全に理解されたというのである。

ちなみに『中論註』とは、ブッダパーリタが書いた龍樹《りゅうじゅ》の『中論』の注釈書で、プラーサンギカ派の空性観を代表するものである。

さて、そのとき理解した空の概念を最も端的に示す言葉として、ツォンカパはたびたび「よって生ずる」という言葉を使っている。「よって」という言葉により、そのものの力だけでほかのものによらずに存在するという認識のしかたを否定しているのである。

もし、そのものの力だけでほかのものによらずに実体あるものとして存在するものがあるならば、それはすべての人に同じ印象を与えなくてはいけない。たとえば、日本人は数珠《じゅず》を見て、葬式にもっていくものと感じる人が多いはずだが、チベット人の多くは数珠を見て、マントラの数を数えるための道具と認識するだろう。

このように、同じものを見ても印象が違うのはなぜか？　それは、数珠がどちらか一方の本質によって成立しているものではなく、その性質が「空」だからである。

また「生ずる」という言葉によって、そのものがまったく存在しないとする認識を否定してしまっている。たとえば、どうせすべては「空」なのだから業も来世も関係ないだろうという考え方があるが、そうではなくて現実に「そこに存在しているのだ」ということを示しているのである。

かつてギュメ寺を建てたシェーラプ・センゲがツォンカパの説法を聞いた帰りに、すべてのものが自分が認識しているようには存在していないならば、自分もまた存在していないのではないかと思って恐怖を感じ、両手で自分の体をつかんだことによって存在していることを実感したというエピソードが残っている。

この話は、シェーラプ・センゲがまったく存在しないとする認識をそのとき離れたことを示している。

「空性」を示す譬えとして〝幻〟がよく引用される。〝幻〟とは単に無常であるとか、虚しいとかそういうことを意味するのではない。〝幻〟は、見えているようには存在していないことから、実体あるものとして認識してもその認識どおりには存在していないことを示しているのである。また〝幻〟は、実体はないがたしかにそこに存在することから、まったく存在しないとする認識は誤りであることも示している。

自分のことで恐縮だが、「空」について私が感じた身近な例をお話ししよう。

だいぶ以前、見知らぬチベットのお坊さんから人づてに、釈尊の苦行像をいただいた。ところがこの仏像、とても痛々しいお姿なので、凡夫である私は朝のおつとめの際にこの像を見るたび暗い気持ちになってしまう。それで、わざとそちらのほうに視線が行かないようにしてお経を唱えるという、およそ朝の読経にはふさわしくない姿勢であった。この苦行像はレプリカで、本物はガンダーラ美術の最高傑作とされ、パキスタンのラホール博物館に所蔵されている。

一九八四年にパキスタン・ガンダーラ美術展が催され、この本物の苦行像が日本に来たことがあった。そのオープニングレセプションでダライ・ラマ法王がその像の前で三礼《さんらい》をされたというお話を、中村元先生の講演でうかがった。そのときは、法王のことをあまり存じ上げなかったので、若かった私は、不遜にもパフォーマンスのように感じたことを覚えている。

しかし、最近YouTubeで法王の二〇一六年八月十八日のお説教を拝聴していたところ、まさにそのときの話題となり、当時の法王のお気持ちを知ることができた。

ポタラ宮には先代のダライ・ラマ十三世が所有していたこの苦行像の写真があったそうで、幼い時分から法王は、この苦行像の実物を拝むことができたらと思っておられた。しかし、法王の亡命先のインドとパキスタンの関係からそれは叶わぬ夢だとあきらめていたところ、たまたま日本に来日したときに、この苦行像が来ていると知り、おかげであこがれの苦行像を拝むことができたそうである。

「この釈尊苦行像は、煩悩を克服することは簡単ではないことを示唆《しさ》している」と法王はおっしゃっている。

煩悩の克服は、ちょっとお経を唱えたりマントラを唱えたりしただけで楽に達成できるものではない。煩悩と向き合い、七転八倒の修行をしてはじめて達成できるものだということを、この苦行像は思い起こさせてくれるということであった。

このお話を拝聴してから、私の苦行像に感じていた嫌悪感はまったくなくなり、逆に特別なものにさえ思えるようになったのである。

対象の側から成立しているように感じていた私の嫌悪感は、私の側から仮設《けせつ》しただけのものであったというわけである。対象の側から成立していると感じるからこそ、嫌悪感はより深くなり、逆に好ましいと感じた対象には、対象の側から成立しているととらえると、より執着してしまう。

このような心の習性に引っ張りまわされないようにすることが、「空」を理解するコツといえよう。

今の例では、空性をいわばイメージで理解しようとしたわけだが、高度の修行を積んだ修道者は空性をイメージではなく、如実にありのままに理解できるという。その際には、40ページで説明したように、認識対象の空性と認識主体の意識（智慧）が水に牛乳を混ぜたように混然一体となった名状しがたい状態になる。この境地に至った修道者を聖者《しょうじゃ》とか十地《じゅうじ》の菩薩と呼ぶ。そして、これはたいへん重要な点だが、この状態と〝死の光明〟の状態は類似しているとされる。

この空性を直接に理解する瞑想体験を「等引智《とういんち》」といい、この体験からもどった意識のことを「後得智《ごとくち》」と呼ぶ。

「後得」とは、あとで得た境地、すなわち空性を直観的に理解する体験をしたあとで得た境地のことで、この後得智では、ブッダの境涯に入らない限り、すべてのものに実体があり、対象の側からそれ自体の力で存在するもののように眼には見えるのである。しかし、ただそのように見えるだけで、心が同じように執着することはなくなる。ちょうど手品の種明かしを聞いたあとでその手品を見るのと同じことである。すべてのものが実体なくそれ自体の力で存在するものではないということを、強烈な体験をとおして理解したあとでは、実体があるように見えるさまざまなものを見ても、そのまま執着しようとする心は起こらないのである。

◉大楽について

ここで、「大楽《たいらく》」についても説明しておきたい。

大楽の楽とは、心を一点にとどめる〝止《し》〟を得た際の心身の快楽や、空性を直観的に理解するときに湧き上がってくる無漏《むろ》の快楽ではない。また精液放出を断じて生じる快感ではなく、羯磨印《かつまいん》すなわち明妃《みょうひ》と抱擁することで生じる快楽とも違う。

チベット仏教には「倶生《くしょう》の大楽」という言葉があるが、これは、死ぬ際と同じように、中央脈管の中に風《ルン》が入って、とどまり、染み込んだことで生じる心の喜びをいう。

パンチェン・ラマ一世ロサン・チョゲンは次のように述べている。

「生起次第のあとでの、中央脈管に風《ルン》を入れ、とどめ、染み込ませるという三つをしたことで生じた倶生の大楽のみ［を大楽というの］である」

では、その大楽と悟りはどう関わるのだろうか。

楽と空を結合させる「楽空無別《らくくうむべつ》の智慧」というものがある。

死ぬ際に、通常の粗大な意識は徐々に消滅していき、最後に非常に微細な根源的意識が覚醒することは先に述べた。この根源的意識の覚醒は、全身のすべての風《ルン》が不滅の滴の中に染み込んだことで起こる、まさに究極の「倶生の大楽」と考えてよいと私は思う。この倶生の大楽を、死ぬときと同様の格好で、行の力によって覚醒させることが、無上瑜伽タントラの特徴のひとつである。

この倶生の大楽智によって空性を理解することが、楽空無別の智慧なのである。

◉本尊瑜伽と空性

チベット密教において、空性を観想することは最重要項目である。自分自身を本尊として観想することを本尊瑜伽《ほんぞんゆが》というが、これは、ただたんに自分を仏として観想することなのではない。本尊瑜伽の前提は空性を観想することである。

密教学の授業で、ある生徒さんから次のような質問を受けた。

「空性の理解なしに修行をしていく場合でも、福徳を積み続ければ、見道《けんどう》を経るなどして、色《しき》身《しん》（ブッダの受用身と変化身）を得る過程でおのずと空性を理解することになり、色身を成就するころには法身も成就しているのではないか」

この問いについては、かつて種智院大学でダライ・ラマ法王がされたお話を思い出す。そのとき法王は、空性を観想することなく本尊瑜伽を行ったなら、むしろ我執《がしゅう》による妄分別が強くなるのではないかという疑問を呈されていた。

たしかに、空性を観想することなく自分を仏と思えば、自己意識が肥大化して慢心を起こすだけである。本尊瑜伽とは、今の自分をそのまま仏と思うことではない。空性を観想することは、慢心による妄分別を抑制するためにも絶対必要だと考えるべきだろう。ブッダの位を得るには、二つの翼のように福徳資糧《しりょう》と智慧資糧を両方積まなくてはならない。ツォンカパは、智慧のみでは自分ひとりの寂静涅槃《じゃくじょうねはん》に陥り、福徳のみでは輪廻から解脱できないと説いている。

少し難解だが、ここで本尊瑜伽の観想の正しいパターンを紹介しておこう。

まず、一切法は無自性であるという観想を続けて、すべてのものは対象の側から成立しているように見えるが、実際はそうではないことを確信し、すべては、見えているようにも感じているようにも成立しておらず、幻のごとくであると観想する。このように空性を観想することは、仏になるための智慧資糧を積むことになる。

智慧資糧は、仏の法身を獲得するために必要とされるものだ。机や花瓶を対象に空性を観想すれば智慧資糧を獲得するが、仏になるためのもう一つの要素、色身を獲得するための福徳資糧を積むことはない。しかし、花瓶の空性を観想するのではなく、もし仏身を対象に空性を観想するなら、福徳資糧を積むこととなり、しかも智慧資糧も積むことができるのである。

仏身の空性を観想する際に、空性を観想している智慧は空性を確信しているが、その空性を意識している智慧がそのままマンダラと本尊として顕現すると観想する。最後にその本尊が自分自身だという慢《まん》(思い込み)を起こすのである。

整理すると、**①空性を観想し、すべてを幻のごときものと学ぶ。②次に、本尊を対象として空性を観想する。③本尊を対象として観想した空性を認識する智慧が、そのまま本尊の姿として顕現したと観想する。④その本尊に対し、それは自分自身であるという慢を起こす。**

業と煩悩でできた自分の肉体は仏身であることはない。それは現在の肉体を最終目標である仏身と思い込むことで、まさに邪知《じゃち》である。しかし、空性を理解する智慧でできた身体を本尊とし、それを自分だと思う慢を持つことは、自分が獲得すべき理想の仏身を観想し、それをいわば成功したゴールの自分として思い描くことになる。灌頂を受け、資格を得たうえで行うなら、仏となるための重要な因（必要不可欠な要素）になるのである。

◉死の光明と法身

ゲルク派は、空性の見解に中観帰謬論証派《ちゅうがんきびゅうろんしょうは》の説を採用している。それに従うならば、プドガラ（輪廻の主体）としての〝私〟の定義は、五蘊《ごうん》のいずれかを〝私〟と命名するための基盤として〝それによって名づけられた私〟ということになる。これを「五蘊のいずれかを命名処《めいめいしょ》として仮設《けせつ》した〝私〟」という言い方をする。

そこで死の光明の際、私と命名する基盤の命名処について考えてみたい。

死の光明が生起しているとき、その人物の粗大な意識はすべて消滅し、〝不滅の滴《ミシッペー・ティグレ》〟の中にある意識と風《ルン》のみが存在している。このとき、〝不滅の滴〟以外に、もとの粗大な肉体は意識がまったく消滅していて、すでに死体であり、もはや〝私〟の命名処ではない。この死の光明の状態での私の命名処は、死の光明の意識とその乗物の風《ルン》なのである。

チベット密教では、意識の乗物の風《ルン》のことを金剛身《こんごうしん》というが、この場合は、死の光明を心、死の光明の乗物の風《ルン》を身体として、それを「命名処として仮設した〝私〟」ということになる。これは清らかな智慧と風《ルン》のみでできた仏身を命名処とする仏と類似しているので、死の光明を法身となぞらえるのである。

さて、密教の生起次第では、自分はまだ本尊としての姿ではないにもかかわらず、自身を本尊であると観想する。先に説明した本尊瑜伽である。そして、「本尊瑜伽で観想した尊身を命名処として、それに仮設した〝私〟と観想することを、本尊の〝慢《まん》〟という。

この本尊の〝慢〟は、ほんとうの本尊の尊身を獲得する異熟因《いじゅくいん》（いつのときか正しい果を生じさせる因）となる。

たとえば、スポーツなどで演技をする前に、イメージトレーニングをして、前もってうまく成功している自分を強くイメージできれば、本番でも成功するという話を聞くが、これと同じ構造と思われる。

では、自分を本尊の姿として観想することが、色身《しきしん》（受用身・変化身）獲得の異熟因になるならば、法身獲得のための異熟因も必要なはずである。

『秘密集会タントラ』の生起次第に、以下のような真言がある。

oṃ sūnyatājñānavajra svabhāva ātmako,ham（オーム、空性の智慧金剛の自性そのものは我なり）

この真言について、ツォンカパは次のような見解を示す。

「空性の意味を考えるだけでは足らずにaham（我なり）と〝慢〟を起こすのは、この［真言］乗においては、［修行段階の］今から、法［身］・色［身］の双方の〝慢〟をもたなくてはいけないゆえに、法身に〝慢〟を起こすのである」（『灯作明複註』）

色身を観想し、それに対して〝慢〟を起こし、これを色身の異熟因とする。同様に法身についても、単に空性の観想だけでなく、法身としての〝慢〟、すなわち、法身としての本尊瑜伽も必要とするというわけである。

先に説明した〝母子の光明の混合〟は、死の光明に空性を理解する智慧を重ね合わせるものであった。法身は、ブッダがもつ空性を直観的に理解する正しい智慧そのものであり、煩悩障、所知障を離れた無漏《むろ》の心である。法身の本尊瑜伽の場合、ここでは生起次第なので、この段階では法身はもちろん、倶生の大楽智も実際は生起しておらず、非常に微細な根源的意識を用いることはありえない。

ところが、死に際しては、自然現象として非常に微細な根源的意識が覚醒する。通常、この意識で空性を理解することは、究極の定寂心（譬《たと》えの光明）を実現しない限り、到達できない境地である。しかし生起次第の段階の者であっても、正しく空性を理解し、生起次第を成就法として長く続けていれば、死の光明の際に〝母子の光明の混合〟を果たす可能性がある。そのときの状態は構造上、究極の定寂心の譬えの光明と非常に類似したものとなる。そしてこれが、多くの生を経ずして究竟次第に進むための究極の異熟因となるのである。

以上で死の章の解説を終わる。

繰り返すが、全三章を通じて、この章がもっとも重要な章である。やや話は専門的になってしまったが、この章の内容を学ぶことで、少しでも死への過程の構造が理解できたことと思う。あわせて、生きているうちにこれらの知識を身につけることで、とまどうことなくすみやかに真の解脱、ブッダへの過程に変えていくことが可能であるとするチベット密教の方法論をわずかなりとも理解していただけたのではないだろうか。

【ゲルク派のタントラ(密教経典)の分類】

分　類		主要タントラ
無上瑜伽タントラ (不二タントラ) ●方便：倶生の大楽 ●般若：空性を理解する智慧	方便・父タントラ	『秘密集会（グヒヤサマージャ）タントラ』 『ヴァジュラバイラヴァ系タントラ』 ●方便：幻身
	般若・母タントラ	『サンヴァラ系タントラ』 『時輪（カーラチャクラ）タントラ』 『チッタマニターラ』 『ヴァジュラヨーギニー』（サンヴァラ系に属する） ●般若：光明
瑜伽タントラ		『初会金剛頂経』 『ヴァジュラシェーカラタントラ』 『理趣経』 『悪趣清浄軌』
行タントラ		『大日経』
所作タントラ		『蘇悉地経』 『蘇婆呼童子経』 『蓮華部のターラ系タントラ』

ツォンカパの定義

◉無上瑜伽タントラは、すべて方便・般若の不二タントラと規定
……この場合の方便は「倶生の大楽」、般若は「空性を理解する智慧」となる
◉父タントラ（方便タントラ）は、幻身と光明の双方を中心に説く
……この場合の方便は「幻身」となる
◉母タントラ（般若タントラ）は、光明を中心に説き、幻身を中心とはしない
……この場合の般若は「光明」となる

ツォンカパの定義では、父タントラと母タントラはともに不二タントラであり、それ以外の第三のカテゴリーとしての不二タントラは存在しない。

ゲルク派では、幻身と光明の双方を中心に説く父タントラは、幻身を中心に説かない母タントラよりも上位に置かれる。

中有の章

中有を成就する過程

次に、中有《パルド》の身体が形成されていく過程の説明をする。

そのような〝死の光明〟の心は、一定の期間動くことなくとどまったあと、そのまま震えてわずかに揺れる。それが起こる［と同時に］、光明の中から起きはじめる。

そのとき、胸にある白、赤の碗《わん》を合わせた形の粒状の滴《ティグレ》の口が開き、中からは、非常に微細《みさい》な風《ルン》と［非常に微細な］心が遠く離れて外に出ていくのである。

その際、この身体を捨てて、中有の身体を形成する。それと同時に胸にある［父から受け継いだ］白い精液は下に降りて性器の先端から、また［母から受け継いだ］赤い精液は上に昇って鼻の穴より、それぞれ外に出るのである。

また、〝死の光明〟の乗り物となった五色の光彩をもつ風《ルン》は、中有の身体の質料因《しつりょういん》（直接の原因）となり、中有の心［を形成する際］の共働縁《きょうどうえん》（補助的な縁）となる。

逆に、〝死の光明〟の心は、中有の身体の共働縁となり、中有の心の質料因となったことで、どこかで生まれるべき人の姿をもつ中有の風《ルン》の身をもつ者が、異熟《いじゅく》の古い蘊《うん》（肉体）から別に分かれる格好で真実に成就《じょうじゅ》するのである。

そのとき、「顕明《ナンワ》」「増輝《チェーパ》」「近得《ニェートプ》」の三つが前に説明した順番と逆行して〝真っ黒に近づく心〟が現れ、それと〝死の光明〟の消滅、中有が成就することが同時［に起こるの］である。

*1『大乗阿毘達磨集論《だいじょうあびだつましゅうろん》』*2『倶舎論《くしゃろん》』*3『五部地論《ごぶじろん》』等、多くの文献にも、死有から離れることと中有を成就することの二つは、秤《はかり》の両端の高低のように同時であると説かれている。

中有者は化生《けしょう》であるために、［五《ご》］根《こん》や支分《しぶん》（手足）・支節《しせつ》（指爪）などのすべてが、同時に成就するからである。

中有を成就した直後の心は「逆行の近得《ルドキニエートプ》」［という道順をとるの］である。

次に、逆行の「増輝」を、その次に「顕明」を、その「顕明」より〝八十自《ランシンゲチ》性の分別《ユイトッペーセム》〟を生じて、その中有の者は、［次に］生まれる場所と香り（中有者は香りのみが食物であるため、食香《じきこう》とも呼ばれる）を探す等のために活動的に動きまわるのである。

それらのとき、また以前に説明したものとは順番が逆になり、「近得」より「陽炎《ミギュ》」に至るまでの諸々の兆《きざ》しが順に生じてくるのである。

肉・血・骨などからなる粗《あら》い身体を捨て、風《ルン》のみでできたきわめて微細な心の身体をもつ中有者を〝基本の受用身《ルンク》〟あるいは食香《ティーサ》と呼ぶ。

では、そのような中有が存在することを譬《たと》えると、どうであるかといえば、［次のようである。中有の様子は、］今、われわれが眠りにつくとき、死を迎えた

*1　**『大乗阿毘達磨集論』**――『瑜伽師地論《ゆがしじろん》』（*14）の内容を別の角度から再構成したもの。無着《むじゃく》（アサンガ）の作。西蔵大蔵経北京版№５５５０

*2　**『倶舎論』**――世親《せしん》（ヴァスバンドゥ）作。説一切有部《せついっさいうぶ》（部派仏教の一派）の教学説の上に仏教思想を組織立てて整然と書いたもの。部派系仏教の百科事典といわれる。西蔵大蔵経北京版№５５９０

*3　**『五部地論』**――『瑜伽師地論』のこと。無着の作。瑜伽行者の境地、実践行、得るべき果を詳しく説いたもの。西蔵大蔵経北京版№５５３６～５５４３

ときと同じような睡眠の場合の四つの兆しと四空《しくう》が一瞬だけ現れた後、〝眠りの光明〟が現れる。それより起き上がろうとするならば、夢の身《ミラムキルー》を起こしはじめるのである。

〝眠りの光明〟より起きたならば、夢の身を成就して、夢の中での種々《しゅじゅ》の活動を行う。その後、睡眠から覚めはじめるとき、夢の風《ルン》の身体は鏡に息を吹きかけたときのように端より消えていき、胸に集まり、古い蘊（元の肉体）の中央脈管の中にある、非常に微細で風《ルン》と心が本性を分けることができないものに染み込んでから、眼を覚まし、種々の生活の活動に入っていくかのようである。

そのような中有の本性の特徴は次のようなことである。

一切の根《こん》がそろっていること。

化生であるから支分と支節のすべてを一度に形づくること。

微細の身をもつために、金剛石《ドルジエ・パラム》によっても壊すことができないこと。

［自分の来世の］母の子宮のような生まれる場所以外は、*4須弥山《しゅみせん》など、どこにでも障害なく行くことができること。

業《レエー》の神通力《じんつうりき》（行により備わったのではない力）により、瞬時にどこでも望むところへ行くことができて、仏によっても止めることができないこと。

『阿毘達磨倶舎論』には「衆生《しゅじょう》はいずれかの中有を成就したら、それ（中有の

＊4　**須弥山**——世界の中心にそびえ立つ巨大な山。高さ十六万由旬《ゆじゅん》（一由旬は約七キロメートル）で、半分は水中にある。頂上には帝《たい》釈天《しゃくてん》の住む忉利天《とうりてん》があり、中腹には四天王《してんのう》の住居がある。

姿）よりほかの衆生に変わることはできない」と説明されているが、『大乗阿毘達磨集論』では「いずれかの中有を成就しても、そこで来世が決定することはなく、ほかの衆生に変わることがある」と説く。

しかしながら［この］*5阿毘達磨の二つの派においても、中有の身体において*6阿羅漢《あらかん》を得る*7中般涅槃《ちゅうはつねはん》［の境涯《きょうがい》］があるために、中有の者が絶対的に生有《しょうう》（来世の生）を享《う》けなくてはいけないといった条件を承認することはないのである。

中有の異名は「意成《イーレーチユンワ》」と「求生《スイツオル》」と「食香《ティーサ》」と「中有」と「形成有《ゴンパルドウーペスイパ》」であると『倶舎論』は説明する。

［中有の］寿命の特徴は、最も長くて七日であることだが、生の縁が集まるならば、中有を成就してから即座に生を享けることもあるから、［寿命の長さが］決まっているわけではない。

もし、七日のうちに生の縁が集まらなければ、七日ごとに小さな死を迎えて、また新たな中有それのみを成就して中有の状態にとどまる。

そのようにして、七週間を越えたならば、必ず生の縁がそろって生を享けるものとなると*8『本地分《ほんじぶん》』に説かれているのである。

七日目ごとに小さな死を迎えるときの様子は、［中有の風《ルン》の身体は］鏡に息

*5 **阿毘達磨の二つの派**――倶舎論系と大乗阿毘達磨集論系の二つの派。

*6 **阿羅漢**――仏道修行者の到達する最高の位。煩悩障《ぼんのうしょう》は断滅しているが、所知障《しょちしょう》は断滅していないとされる。ブッダも阿羅漢ではあるが、その双方を断滅している。

*7 **中般涅槃**――中有の過程で涅槃に達すること。ただしツォンカパは、中有に進んだ者の成仏は認めていない。死の際に幻身《げんしん》を成就した者だけが成仏できるとしている。

*8 **『本地分』**――『瑜伽師地論』の前半の五十巻。十七の段階に分けて、経験的世界から涅槃の世界に至る行の実践階梯《かいてい》を示す。西蔵大蔵経北京版No.5536～5538

を吹きかけたら［息の曇《くも》りが］その端から収縮していくように、中有の風《ルン》が上下より順に胸に集まって、中有の場合の〝八十自性の分別〟とその乗り物である風《ルン》に染み込む。

次に、中有の者に死の四つの兆しと四空とが、刹那《せつな》に、すみやかに現れて、中有の〝死の光明《シーウツセル》〟を実現する。

それからその光明の乗る風《ルン》を質料因となし、逆行して起きた「近得」を成就すると同時に、中有の風《ルン》の身体もまた、先のように成就するのである。

中有の身体に小さな死がどれほど訪れても、中有の身体にのみ生まれ変わるのである。その中有の者が自らの前世の死体を見ても、業《レエー》の関係を断った力により、その古い肉体を自身の身体と考えることやそれに入りたいという気持ちは生じない、と『本地分』には説かれている。

ある者が「中有の寿命は七日と説いたのは、*9六道《ろくどう》それぞれの一日の長さを中心としてのことである」というのは不合理である。

そうであるならば、地球上の者と、天上界の諸天の中有に行く者は、そのそれぞれの長さの七日間、その中有の状態にいなくてはならず、それは数千万年のとても長い時間、生の縁がそろうまで中有の状態にあることを承認しなくてはいけないために、大きな過失となるからである。

＊9　**六道**――衆生が自らの業によって生死を繰り返す六つの世界、すなわち地獄・餓鬼・畜生・修羅・人間・天のこと。「六趣《ろくしゅ》」ともいう。
＊10　**欲天**――欲界《よっかい》（三界《さんがい》の一つで、欲望にとらわれた世界）の中にある六つの天。六欲天。
＊11　**色界**――三界の一つ。欲望から離れているが、物質的存在

いずれの生を享けるかということについては、［体外への移動について］地獄に生まれるならば肛門より移動し、餓鬼《がき》に生まれるならば口から、畜生《ちくしょう》に生まれるならば尿道から、人に生まれるならば目から、*10欲天《よくてん》に生まれるならば臍《へそ》から、夜叉《やしゃ》に生まれるならば鼻から、また、成就天《じょうじゅてん》や人非人《にんぴにん》（阿修羅の一種）のいずれかに生まれるならば耳から、*11色界《しきかい》に生まれるならば眉間《みけん》から、*12無色界《むしきかい》に生まれるならば頭頂からと、*13『サンプタタントラ』の八章などに説かれている。

では*14『瑜伽師地論《ゆがしじろん》』などに「［古い］身体を捨てるならば胸より意識が移動する」と説明したことと矛盾するかといえば、矛盾しないのである。

なぜなら、身体の内側で意識が移動する場合は、最初に胸より移動して、それから身体の外側に移動する際にさまざまなところより体外に出ていく、と説明されている通りだからである。

また、『倶舎論』では「［突然死でなく］徐々に死に至る場合には、足や臍、胸に、心が死の移動をする」とあることや、*15『倶舎論釈《くしゃろんしゃく》』が*16「悪趣《あくしゅ》に生まれるならば足から、人に生まれるならば臍から、天に生まれるときと阿羅漢《あらかん》が死んだ場合には胸の位置で意識が消滅する」と説明していることをどのように考えたらよいかといえば、それは「それらの場所で意識が消滅したという意味である」と

（色《しき》）からは解放されていない世界。色界の最上位にあるのが色究竟天《しきくきょうてん》で、波羅蜜乗《はらみつじょう》（顕教《けんぎょう》）のブッダはここに至って悟る（一切智者《いっさいちしゃ》になる）ことができる。娑婆《しゃば》世界で悟れるのは、無上瑜伽の教えのみとされる。

*12 **無色界**——三界の一つ。欲望からも物質的存在からも解放された世界。

*13 **『サンプタタントラ』**——サンヴァラ系の釈タントラ。西蔵大蔵経北京版№26

*14 **『瑜伽師地論』**——略して『瑜伽論』。無着の作。瑜伽行者の基本的な論書で、阿頼耶識《あらやしき》説、唯識《ゆいしき》説などを詳細に論究している。西蔵大蔵経北京版№5536〜5543

*15 **『倶舎論釈』**——著者の世親自身による『倶舎論』の注釈。西蔵大蔵経北京版№5591

*16 **悪趣**——悪業を積んだ報いとして行かねばならない世界。地獄、餓鬼、畜生を三悪趣、それに修羅を加えて四悪趣という。また、三悪趣に人、天を加えて五悪趣とす

『倶舎論釈』で説明しているように、足などの場所において、身根《しんこん》が破壊されたことで意識がなくなっていく様子をそれぞれ別に示しただけであって、それらの場所より意識が外に出ていく様子を示したものではないから、前に説明したことと矛盾はない。

見え方の特徴については、［自分と］同類の中有者［同士は見ることができる。また］、清浄な[*17]天眼《てんげん》によって中有の者の姿を見ることができると『倶舎論』に説明されている。

そこにおいて、生まれつき備わっている天眼を不浄［の天眼］、修習した力により得たものは清浄な天眼とする。

［六道で］上の中有は、下の中有を見る［ことができる］ということも『倶舎論釈』に説明している。

身体の大きさの特徴については、閻浮提の人の中有の身体は五、六歳になった児童のようだと『倶舎論釈』にその説明がしてあるけれども、一概《いちがい》に決定できるものとは説かれていない。

相の特徴については、悪趣の中有は黒い防水の布地を伸ばした［ような感覚が］、あるいは暗黒の夜により満たした［ような感覚が］、また、[*18]善趣《ぜんしゅ》の中有は白い毛織物を伸ばした［ような感覚が］、あるいは夜、月の光により満たさ

ることもある。

*17 **天眼**——神通力によって何でも見通すことのできる眼。

*18 **善趣**——六趣の中の人、天のこと（二趣）。または、それに修羅を加えた三趣のこと。

れたような感覚が［それぞれ］生ずる、と『本地分』に説かれている。

色《いろ》の特徴は、地獄の中有は切株《きりかぶ》を火によって焦がしたようなもの、餓鬼の中有は水のようなもの、畜生の中有は煙のようなもの、欲界の天や人の中有は黄《こ》金《がね》のようなもの、色界の中有は白などと『聖長老難陀《しょうちょうろうなんだ》[19]に入胎《にゅうたい》を説くと名付ける大乗経《だいじょうきょう》』に説明されている。

姿の特徴は、生まれてくる有情の〝本有《ほんう》[20]の形体をもつもの〟であると『倶舎論』に説いてある。

四有《しう》[21]について、生有《キエーシイ》[22]とは受胎の第一刹那をいい、その第二刹那より死有《チーシイ》[23]が成就するまでの生は本有という。また、死の最後の瞬間、あるいは〝死の光明〟を経験するときの有は死有、死有と生有の二つの中間に生じた有を中有という。

本有（チベット語では「前のときの有《ンゴントウーキスイーパ》」）という語句の意味を取り違えて、その中有の者は前世の身の行相をもつと主張することと、また「次の生の姿かたちをもつ」と説明されたものを見て、三日半は前世の姿と三日半は後世の身体の姿をもつと主張するのは、まったく真実とはかけ離れた捏造《ねつぞう》であると『菩《ラ》[24]提道次第広論《ムリムチエンモ》』に説かれている。

だから、本有（前のときの有）という場合の前は、後世の死有に対しての前であって、中有を対象として前とするのではない。

＊19 **『聖長老難陀に入胎を説くと名付ける大乗経』**――難陀は釈尊の従兄弟のナンダのこと。西蔵大蔵経北京版№760の13番

＊20 **本有《ほんう》**――本来あること。四有の一つとしての本有は、生まれてから死ぬまでの間をいう。

＊21 **四有《しう》**――生きものの生存状態を四つに分けたもの。生有・本有・死有・中有。

＊22 **生有《しょうう》**――四有の一つ。生を享《う》けた瞬間。

＊23 **死有《しう》**――四有の一つ。死ぬ瞬間。

＊24 **『菩提道次第広論《ぼだいどうしだいこうろん》』**――ツォンカパ作。大乗菩薩道の実践を説く論書。ゲルク派の根本聖典として必須の学習書とされるもの。

『倶舎論』でも〝本有（前のときの有）を生じる形体をもつもの〟という場合の「生じる」という語句は未来形であって、過去形ではないからである。

また、「どんな姿であっても、来世に生まれてくるその姿をもつ」と説明してあることから、ある者がそのようであるならば、根《こん》がそろっていない（身体に障害のある）衆生は、その中有の者もまた根がそろっていないと主張することは、まったく不適当である。

［なぜなら］母の胎内に生まれたあとに、眼などの根に障害を生じるのであって、中有においてすでに根に障害があるとはどこにも説明されていないのである。また、［中有の者は］いずれかの来世で生まれる衆生の姿をしていると説明しただけであって、すべての部分が等しくなくてはいけないというならば、大きな間違いとなってしまう。

中有の行き方の特徴は、天への中有は上へと、人への中有は正面へと、悪趣への中有は頭頂を下にしてから行く、と『本地分』には説かれている。

そしてまた、欲界・色界の二つの境涯に生まれる者は必ず中有の状態を経なければいけないために、良い無間《むけん》[*25]の業《ごう》（聖者の道）と悪い無間の業の二つを為《な》したものには中有はないと主張することは不合理である、と『菩提道次第広論』に説かれている。

＊25 **無間**——間断のないこと。

無色界に生ずるものには中有はなく、いずれかに死んだ空間の、まさにそこに無色界の境涯である名色《みょうしき》の色蘊《しきうん》以外の四つの蘊《うん》（色蘊以外の受《じゅ》・想《そう》・行《ぎょう》・識《しき》の四蘊《しうん》）が成就する。

それゆえ、無色界に生まれるその人は、〝死の光明〟のまま無色界の*26三摩地《さんまじ》に入るのであって、光明から逆行して生起《しょうき》する「近得」の心は現れることはない。なぜなら、そのような「近得」の心は、あくまでも中有の心だからである。無色界は、欲界と色界の二つよりほかの場所ではないのである。

特別の中有者で、一生補処《いっしょうぶしょ》「の最後の生を享けようとしている」菩薩が、兜率天《とそってん》より移動して妃《きさき》の胎《はら》に入る中有の者の身体は、相好《そうごう》により荘厳《しょうごん》された青年の姿であり、光明によって十億の*27四州《ししゅう》を明るくするものである、と『倶舎論釈』と*28『秘密集会成就法安立次第《ひみつしゅうえじょうじゅほうあんりゅうしだい》』に説かれている。

では、*29須菩提尊者《しゅぼだいそんじゃ》が、釈尊が*30六牙《ろくげ》の白象《びゃくぞう》の姿で母の胎内に入られたと説明したこととこの記述は矛盾するかといえば、その説明をそのまま承認する必要はないのである。

それは単に、妃の夢と「釈尊出生《しゅっしょう》とが」相応することを示しただけであって、人に生まれる者の中有が畜生の相をもつと主張するならば、多くの正しい*31比量《ひりょう》を備えた典籍と矛盾するからである。その話を*32部派系の派は言葉どおりに「承

*26 **三摩地**——一つのことに集中し、心が乱れることのない状態。三昧《さんまい》。サマーディ。

*27 **四州**——須弥山《しゅみせん》の東西南北にあるとされる四つの島。東勝身《とうしょうしん》州《しゅう》、南贍部州《なんせんぶしゅう》（閻浮提）、西牛貨《さいごけ》州《しゅう》、北倶盧州《ほっくるしゅう》。四大州ともいう。

*28 **『秘密集会成就法安立次第』**——秘密集会タントラの生起次第のテキストの一つ。ナーガ・ボーディの作。西蔵大蔵経北京版№2674

*29 **須菩提尊者**——釈尊の十大弟子の一人。スブーティ。人と争うことがなかったことから、無諍第《むそうだい》一《いち》といわれた。

*30 **六牙の白象**——釈尊の入胎の象徴。釈尊の母、摩耶夫人《まやぶにん》は六本の牙をもつ白象が胎内に入る夢を見て懐妊したという。

*31 **比量**——推論。

*32 **部派系の派**——いわゆる小《しょう》乗《じょう》の派で、原始仏教系の仏教を指す。小乗とは劣った乗り物のことで、自己の解脱だけを求め、一般の在家《ざいけ》信者を顧《かえり》みないことを大乗の立場から批判的に名づけたもの。

認するが」、*33大乗《だいじょう》の派においては仮の姿を示しただけと承認するのである。

中有のこれらの階梯《かいてい》は、無上瑜伽《むじょうゆが》タントラの生起次第《しょうきしだい》という中有を受用身へと転変させる修道と、「究竟次第《くきょうしだい》という〝譬えと勝義の光明《ペーウツセルタントウンキウツセル》〟の二つと、それにともなう」*34〝清浄と不浄の二つの幻身《タク・マタクペーギュル》〟に浄化させるための基本であるから、詳細に知ることが重要である。

*33 **大乗の派**——自利に走った小乗の派に対し、あらゆる人々を悟りに導き、救済しようとする利他中心の立場をとった革新派が、自らを大乗(大きな乗り物)と称した。

*34 **清浄と不浄の二つの幻身《げんしん》**——煩悩《ぼんのう》を捨てていない段階で得た幻身を不浄の幻身、煩悩を捨てた段階で獲得する幻身を清浄な幻身という。幻身を構成する意識と風《ルン》が清浄であるか否かで、違いが出る。

中有の章……中有を成就する過程《解説篇》

究竟《くきょう》次第《しだい》の修道者は死に際して〝母子の光明の混合〟を達成し、上級者は不浄な幻身《げんしん》を流出する。そうでない者も、後退することなく着実に悟りへの階梯《かいてい》を進む者となる。たとえ〝母子の光明の混合〟を観想できなくても、死に際して菩提心や空性を思うことができた者は一〇〇パーセント善趣《ぜんしゅ》に生まれることを保障する、とダライ・ラマ法王はおっしゃっている。

一方、肉体が滅びる死の階梯までに（生きているうちに）仕事にかまけて修道を怠り、福徳を積んでこなかった一般の死者は、業《ごう》のせいで〝死の光明〟から起きる中有《ちゅうう》の身体は苦しみに満ちたものになる。だから一刻も早く、再生先の入るべき縁のある両親と新しい肉の身体を探そうとするのである。

本文に「自分と同等の者の中有は見ることができる」という記述があったように、たしかに中有の者はどこにでも行けるが、先に再生を決める者たちの様子を見て、たいへんなあせりがあるという。ロサン・デレ師によると、そのあせりによる苦しみは、ときに悪趣《あくしゅ》の苦しみを上回るという。ちょうど、先生から教室の居残りを命じられ、自分より成績が低いと思われる友人たちが小テストに合格して次々と先に帰宅していくのに、自分ひとり合格できないでいるときの気分に似ている。

この章では、輪廻の主体となる存在が、死を迎え、体外に離脱したことで、次の生を模索する彷徨《ほうこう》を重ね、最終的に新しい生を得るまでを詳述することで、苦しく中途半端な中有を克服し、とらわれのない自由な境涯《きょうがい》を得るためにはどうすればよいのかを教えるのである。

◉〝不滅の滴〟より出て中有を成就する様子について

〝死の光明〟にとどまる期間は、三日間であったり、七日間であったり、数秒であったり、それは人それぞれで異なるということはすでに述べてきたとおりである。この一定の期間を経たあと、古い肉体に残されていた根源の意識とともにある風《ルン》がわずかに震える。震えることによって、その瞬間に光明は破られ、胸の中央脈管の中にある〝不滅の滴《ミシッペー・ティグレ》〟は、白と赤の半球体を合わせた球形のものの口を開き、非常に微細《みさい》な根源的な意識と風《ルン》は外へ出ていくのである。そのとき、この古い肉体は捨てられ、新たに中有の身体が誕生する。

この直前に、頭頂から降りてきて〝不滅の滴〟に染み込んでいた白い精液は、そのまま中央脈管を下っていく。このときに〝真っ白に現れる心〟すなわち「顕明《けんみょう》」が顕現する。次にまた、臍のチャクラから赤い精液が胸の〝不滅の滴〟まで昇ってきて〝真っ赤に輝く心〟すなわち「増輝《ぞうき》」が顕現する。双方が〝不滅の滴〟に染み込んだとき、〝真っ黒に近づく心〟すなわち「近得《きんとく》」が顕現し、そのまま〝死の光明〟に続いていく。

〝死の光明〟が終わると、上から降りてきた白い精液は性器の先から外に放出される。また、臍のチャクラから昇ってきて、同じように〝不滅の滴〟に染み込んでいた赤い精液は、そのまま中央脈管を昇っていき、鼻の穴より放出される。このように、身体から根源的意識と風《ルン》は中有となって抜けていき、物質的な古い肉体は腐りはじめるのである。

新たに創造された中有の身体は、〝死の光明〟において覚醒した非常に微細な意識が補助縁となり、非常に微細な風《ルン》が直接の原因（質料因《しつりょういん》）となって生まれた、意識と風《ルン》でできた身体である。

この身体は、来世で人間に生まれるなら人間の姿、動物に生まれるなら動物の姿というように、この時点ですでに、来世にて生まれるべきものの姿をしている。そして〝死の光明〟が終わったことと、この中有の身体を得たことは、まったく同時に完了する。このときの状況をチベットでは、「静かな水面の中から魚が跳《は》ね上がるように、突如身体のすべての部分が整った状態で現れる」と表現している。

意識の上には、死ぬときとは逆の順番で、①真っ黒に近づく心→②真っ赤に輝く心→③真っ白に現れる心のヴィジョンが現れ、最後に〝八十自性の分別〟が生じる。そして来世で生まれるべき場所と、唯一の食物である香を探し求め、飛び回るのである。中有を「食香《じきこう》」とも呼ぶのはこのためだ。

中有によく似た例としては、睡眠中の体外離脱体験があげられる。われわれは眠りについたとき、たとえ意識することがなくても、〝陽炎《かげろう》のようなもの〟から〝眠りの光明〟までの心のヴィジョンが一瞬のうちに現れてから眠りにつき、能力のある人は、その〝眠りの光明〟から「夢の身体」と呼ばれるものを起こして、さまざまな活動をするといわれている。やがて目が覚めはじめるときに、その「夢の身体」は鏡に吹きかけてできる曇《くも》りのように、端から徐々に消えて、眠っている元の身体にもどり、さらに中央脈管の中にある非常に微細な意識と風《ルン》に染み込んで、目が覚める。

「夢の身体」の階梯は、「この世の中にあるものは夢のごときもので、その本質は空なる存在である」という一元的な見解を得るためのものではなく、より実践的な体外離脱体験によって積極的に中有を擬似体験し、さらにそれを浄化して幻身に結びつけていくことが最大の目的なのである。

また、体外離脱ができなくても、夢の意識は通常、日常で用いる意識よりはるかに微細なレベルであると考えられる。したがって、夢の意識を夢と知ってコントロールできれば、日常の意識で覚醒時に死の過程や中有を観想するよりも、よりリアルに死や中有を疑似体験できるというのである。

◉中有の特徴について

中有の特徴を簡単にまとめると、次のようになる。

一切の根《こん》がそろっていること（五体満足であること）。

母親の胎内や卵などをよりどころとして生まれるのではなく、忽然として生まれる「化生《けしょう》」という形態をとるので、身体のすべてが瞬間に完成すること。

微細の身体をもっているから、ダイヤモンドでも壊せないこと。微細とは、大きさを指すのではない。粗《あら》い肉体のように、血・肉の固まりではなく、意識と風《ルン》だけでできた身体であることを指す。

母の子宮のように自分の生まれる場所を除いて、どこでも障害物に妨げられることなく行くことができること（一部の説では、ブッダガヤの菩提樹《ぼだいじゅ》の下の金剛座《こんごうざ》＝釈尊が悟りを開いたとされる場所には行くことができないと伝えるものもある）。

自然に備わっている業による神通力《じんつうりき》によって、瞬時に望むところへ行くことができること（ブッダによっても、それを妨げることはできないとされている。たとえば、われわれがよくないことを考えてそのあげく悪業《あくごう》を積むことになっても、その意識と風《ルン》の動きを仏は止めることができない。同じように、ブッダであろうとも、意識と風《ルン》を本性とした中有の者の動きを止めることができないというのである)。

以上が中有の特徴だが、『倶舎論《くしゃろん》』では「衆生《しゅじょう》は何者であっても、一度中有の身体を成就《じょうじゅ》したら、必ずその中有の者に生まれなくてはならず、ほかの者に生まれることはできない」としている。しかし、『大乗阿毘達磨集論《だいじょうあびだつましゅうろん》』では、「いずれかの中有の身体を成就しても、それで来世が決定するわけでなく、ほかの者に変わることがある」とする。

大乗仏教では後者の説をとる。たとえば、来世に地獄へ行くべき中有を成就した死者に対して、親族たちが一生懸命祈り善行をなしたならば、その徳の力で地獄へ行かなくてもよくなるケースがあると考えるのである。

来世に生まれるべき姿をしてはいるが、中有の身体は血肉ではなく、意識と風《ルン》だけでできている。つまりは中有の身体は心でできているため、よく「心を入れ替えて頑張る」などというが、心でできているなら形を変えることは可能で、四十九日以内なら、良い再生のために親族による祈りが効果的であるとしたのだと思われる。

◉中有の者の寿命について

中有の者の寿命は、最も長くて七日間である。しかし、死んですぐ来世に生まれ先を見つけた中有の者は、その段階で中有が終わるから、最長が七日間というだけで、日数に決まりはない。
もし七日の間に生まれ先が見つからなければ、七日目に小さな死を迎える。先に、親族が一生懸命になれば中有が変わるといったが、親族が徳をしっかり積めば、この七日目の小さな死により、別の中有の身体を得ることになるのである。

中有の小さな死では、鏡に息を吹きかけてできた曇りのように、身体が端から収縮していき、胸の一点に集まっていく。その間〝陽炎のようなもの〟から〝光明〟に至るまでのヴィジョンが一瞬に現れ、また生まれるときには、その中有の死の風《ルン》と意識が因となって、新たな中有の心を成就するのである。中有においては、新たに生まれ先を見つけなければ、小さな死を繰り返しても、中有以外のものには生まれ変わることはない。こうして、最長七週間、つまり四十九日の間、中有の状態が続くのである。

中有の者は、業がすでに熟してつながりが切れてしまっているため、元の肉体を見ても、それを自分の身体と考えてそれに入りたいという気持ちは生まれてこない。ちなみに〝夢の身体〟を使って体外離脱した人は必ず元の身体にもどるが、この理由についてパンチェン・ラマ一世ロサン・チョゲンは、元の身体と微細の身体（この場合は〝夢の身体〟のこと）のつながりが切れてしまうまでに業がまだ熟していないからだと述べている。〝夢の身体〟を得た者が元の身体にもどりたいと思うこと自体、つながりを切る業がまだ熟していないことを意味すると考えてよいだろう。

また、少し話はそれるが、天界と人間界とでは時間の長さに違いがあるといわれる。このことについて、チベットには次のような話があるので紹介しよう。

昔々、無着《むじゃく》（アサンガ、唯識《ゆいしき》思想を広めた四世紀の学僧）は弥勒菩薩《みろくぼさつ》に出会おうとして山中にこもり、厳しい修行をしていた。ところが三年たっても何の兆《きざ》しも見られず、無着は行をあきらめて山を降りた。街に出ると、ひとりの老人が大きな鉄の固まりを削って針をつくろうとしている。その様子を見た無着は、自分の努力はまだまだだと思い、山にもどり行をやり直すことにした。

再び三年の時間が経った。しかし弥勒菩薩が出現するような兆しは何も現れなかった。無着はまた行をあきらめて街に出た。すると、にわか雨が降ってきたので、無着はある家の軒下に雨宿りに入った。そのとき、軒の先からしたたり落ちる雨垂《あまだ》れが岩に大きな穴を開けているのを見た。無着はハッと自分の努力不足を悟り、また山中にもどった。

三年後、無着は今度こそやめようと、修行をあきらめて山を降りた。街に出ると、大きな怪我をしてその傷口にうじ虫がたくさんわいている犬に出会った。無着はその犬をかわいそうに思い、うじ虫を指でとってやろうと思った。しかし、指でとると小さな虫はつぶれて死んでしまった。そこで無着は、勇気をふりしぼって舌でその虫を一匹一匹とってやることにした。そうして、最後の一匹の虫をとってやったとき、犬の姿は消え、そこに弥勒菩薩が現れたという。

無着は弥勒菩薩に少し怒って言った。

「なぜ今まで姿を現してくださらなかったのですか？」

それに対し、弥勒菩薩はこう答えた。

「私はいつもおまえのそばにいたんだよ。しかし、おまえは自分の行にばかりとらわれて、私の姿を見ることができなかったのだ。おまえが行の途中で唾《つば》を吐くものだから、見てみなさい、私の着物はお前の唾の跡だらけだ」

そう言われて、無着は自分の不徳をたいへん恥じた。それから無着は弥勒菩薩に連れられて兜率天《とそってん》へ行き、そこにしばらく滞在して弥勒菩薩から親しく教えを受けたという。このときの教えの内容をまとめたものが、『現観荘厳論《げんかんしょうごんろん》』だといわれている。

ちなみにこの無着の『現観荘厳論』は般若思想をコンパクトにまとめたもので、ゲルク派で最重要視される論書のひとつである。

教えを学んだ無着は、それを布教するため人間世界にもどってきたが、その間に人間世界では何十年もの時間が過ぎ去っていた。

このように、兜率天と呼ばれる天界と人間世界とでは時間の長さが違うとされている。しかし、中有の者の寿命は、六趣《ろくしゅ》（六道《りくどう》）いずれにおいても人間世界における七日間の長さと同じで、天上界に生まれた者のように人間の時間で数十年、数百年も中有の状態にあり続けることはないとされる。

ダライ・ラマ法王の転生者探しに数年を要したことから、この四十九日の期間は象徴的なこととする受けとめ方が一部にある。しかし、チベット人にとってダライ・ラマ法王は観世音菩薩《かんぜおんぼさつ》であり、「無住処涅槃《むじゅうしょねはん》」を獲得された方とされている。「無住処涅槃」とは涅槃の最高の境涯で、自分だけが涅槃に至るとする小乗の寂静《じゃくじょう》涅槃にも、迷いの輪廻《りんね》にもとどまらず、大慈悲をもって衆生を救済する境地をいう。この境地にあるダライ・ラマ法王は、寂滅《じゃくめつ》されても輪廻に束縛されないから、中有ではなく、幻身の境涯にとどまるだけとどまり、最も衆生救済に役立つ時期に人間世界に姿を現すと考えられている。したがって悟っていない衆生にとっては、四十九日の期限はやはり絶対的なものである。

◉中有の者のもつさまざまな特徴について

◎中有の者の動き

中有の者が元の肉体から外へ出る際の様子は、生まれる先によって次のように違う。

地獄に生まれるならば肛門から。

餓鬼に生まれるならば口から。

畜生に生まれるならば尿道から。
人に生まれるならば目から。
欲天《よくてん》に生まれるならば臍《へそ》から。
夜叉《やしゃ》（修羅）に生まれるならば鼻から。
成就天《じょうじゅてん》と乾闥婆《けんだつば》に生まれるならば耳から。
色界《しきかい》に生まれるならば眉間《みけん》から。
無色界《むしきかい》に生まれるならば頭頂から。

以上のように伝えられていることから、チベットでは死者が出た際、頭頂へ意識と風《ルン》が行くようにと頭頂の毛髪を引き抜いたりすることがあるようだ。ニンマ派やカギュ派で重要視されているポワの瞑想法などは、まさにこうした概念を前提にした修道論といえるだろう。

ただし、ポワについては、師から以下のようなお話もうかがっている。

一九五九年にロサン・ガンワン師がインドに亡命直後、その師匠のロサン・テンパ師が遷化《せんげ》した。そこで、ソン・リンポーチェに「師のポワをしていただきたい」とお願いしたところ、リンポーチェは「ロサン・テンパ師はゲシェー（仏教博士）なので、ポワなどはする必要がない。ゲシェーであった者は生前に積んだ功徳《くどく》の力で、来世、仏法と縁の深い特別な環境に必ず生を享《う》けることができるからだ」とおっしゃったというのである。

◎中有の者の見え方

上のレベルの中有の者は、より下のレベルにある中有の者や、同じレベルにある中有の者を見ることができるといわれている。たとえば、人に生まれる中有の者は、やはり同じ人に生まれる中有の者の姿や、より低いレベルの境涯である、地獄に生まれる中有の者の姿を見ることができる。しかし、自分より上、たとえば天界に生まれる者の中有の姿を見ることはできないのである。

ほかに、天眼《てんげん》をもつ者も中有の者の姿を見ることができるとしている。天眼とは六神通力《ろくじんつうりき》のひとつで、普通見えないものでも見る能力をいう。いわゆる天眼通《てんげんつう》である。この天眼には二種類ある。ひとつは、生まれついてのものである〝不浄な天眼〟であり、もうひとつは、修道することによって獲得した〝清浄な天眼〟である。〝不浄な天眼〟の場合、生まれついての霊能者を含むことになるが、通常は、色界に生まれたすべての天人がもつ天眼の能力を指す。

◎中有の者の身体の大きさ

パンチェン・ラマ一世ロサン・チョゲンは、人の中有のときの身体の大きさは五、六歳の子供ほどであると『倶舎論釈《くしゃろんしゃく》』の説をあげて述べている。しかし、ヤンチェン・ガロは、人それぞれで違いがあり、一概《いちがい》にはいえないとしている。このように、中有の身体の大きさに関する見解はゲルク派内では一致していない。

◎相の特徴

相とは中有の者の心に現れるイメージのことで、次の二種類の相に分類している。

悪趣《あくしゅ》の中有――黒い布地を伸ばしたような相、あるいは夜を暗黒の闇が満たしているような相。

善趣《ぜんしゅ》の中有――白い毛織物を伸ばしたような相、あるいは夜空を月光が満たしているような相。

◎姿の特徴

姿の特徴は、何に生まれるにしても、その生まれてくる有情《うじょう》（生きもの）の「本有《ほんう》」の身体の形をもっていると『倶舎論』にある。本有とは四有《しう》のひとつである。

有とは、輪廻の結果われわれが享受しなくてはいけない居場所のことだが、まず四つの有について知ることが大切である。

生有《しょうう》――母の子宮で受胎した第一刹那《せつな》（最初の瞬間）の有。
本有――受胎した第二刹那（次の瞬間）から、次の死有を成就するまでの有。
死有《しう》――死の最後の瞬間、あるいは〝死の光明〟の状態の有。
中有《ちゅうう》――死有と生有の二つの中間に生じた有。

さて、本有はチベット語では「前のときの有《ンゴントウーキスィーパ》」と表現する。チベット密教の学者のなかには、この本有の字句解釈を取り違え、中有の者は前のときの有の相、すなわち前世の身体の形をもつ者であると主張する人もあるようだ。また「後世の身体の形をもつ」という説明をみて、中有の寿命の一週間のうち前半の三日半は前世の姿であり、後半の三日半は後世の姿であると主張する人もいるようだが、これらの主張は清浄な要点を外した捏造《ねつぞう》であるとツォンカパは主張する。

本有の原義にある「前のとき」とは、後世の死有より前の姿、すなわち来世の姿をいうのであって、中有より前の姿を想定しているのではない。

また、「何に生まれるにしろ、その生まれてくる有情の『本有』の姿をしている」と説明してあるのに対して、身体に障害がある人は中有の段階ですでに障害があるのかと思われるかもしれないが、それは胎内に入ってから根《こん》が障害を受けるのであって、中有においてはそうではないようである。中有の者の身体の形は、あくまでも来世の姿に似ているだけということである。

◎中有の者の進み方

中有の者がさまざまな場所に行くその進み方にも、次のような特徴がある。

天に向かう中有――上向きに進む。
人に向かう中有――正面を向いて進む。
悪趣に向かう中有――頭を下に向けて進む。

◎中有は必ず必要かということについて

欲界《よっかい》や色界《しきかい》といった、いわゆる無色界を除く輪廻の境涯のいずれの場合に生まれることになっても、そこが地獄であれ、六欲天《ろくよくてん》であれ、必ず中有の状態を経なければならないといわれている。

しかし一部の人は「二つの無間業《むけんごう》をなした者には中有はない」と主張するが、これはどうなのだろうか？　二つの無間業とは、良い無間業と悪い無間業をいう。まずこの二つの無間業の説明をしよう。

◎良い無間業

良い無間業とは、今世において菩薩の第二段階である加行道《けぎょうどう》にまで到達し、来世は必ず菩薩の第三段階の見道《けんどう》に至る業のことである。この、見道にまで至った者を聖者という。仏教ではこれを「せいじゃ」と読まず「しょうじゃ」と読む。

ちなみに、菩薩が悟りに至る五つの段階を説明しておくと、次のとおりである。

第一段階・資量道《しりょうどう》——菩提心を起こして徳を積んでいく段階。
第二段階・加行道——空性をイメージによりしっかり理解した段階。
第三段階・見道——空性を直観的に理解した段階。
第四段階・修道《しゅうどう》——見道の境地をさらに高めていく段階。
第五段階・無学道《むがくどう》——学ぶことをすべて終わった悟《さと》りの境地。

われわれは空性《くうしょう》（ブッダの到達した真理）を理解しようとする際に、さまざまな理論やイメージを思い浮かべ、理解しようとする。しかし聖者は、空性をイメージではなく直接的に理解するのである。たとえば、ある置物をさまざまな話を聞いてイメージするのと、実際目の前に置いて見るのとの違いのようなものである。そして、置物を直接見るように空性を直観的に理解できる人を聖者という。来世において間違いなくこの聖者の境涯に達する素晴らしい業のことを、良い無間業という。

◎悪い無間業

悪い無間業とは、五無間罪を犯すことである。五無間罪とは次の五つをいう。

母を殺すこと。

父を殺すこと。

阿羅漢《あらかん》（煩悩《ぼんのう》を滅した聖者）を殺すこと。

仏身《ぶつしん》に血を流させること。

仏教教団を分裂させること。

これらの五つの罪を犯したことにより、すぐに地獄に行く業のことを悪い無間業という。

また、『秘密集会《ひみつしゅうえ》タントラ』の註釈書である『灯作明《とうさみょう》』では、このうちの「仏身に血を流させること」と「仏教教団を分裂させること」を外し、「仏法を捨てること」と「仏像を破壊すること」を加えている。これについてシェーラプ・センゲは、釈尊が涅槃に入られたあとの新たな解釈だとしている。

一般には、以上の善悪二つの無間業をなした場合に限って、中有を経ることなく、直接来世に行くとする解釈がある。しかしツォンカパによれば、無間業の「無間」とは、このように中有を経ることなく来世に行くことを指すのではなく、また、いくたびか生まれ変わってそこにたどりつくということでもない――つまり、今世の業がすぐ来世の結果につながることを意味しているのだという。たとえば、母殺しの悪業を積めば、どのような善業を積んでいたとしても、もう一度人に生まれることはなく、必ず来世は悪趣に行くことなどを意味する。したがって、欲界・色界に生まれる限り、無間業には関係なく、一〇〇パーセント中有があるとするのである。

◎無色界の場合

では、無色界の場合はどうなのだろうか。無色界に生まれる人は、死んだその場所でただちに無色界の要素、すなわち五蘊《ごうん》のなかの色《しき》以外の受《じゅ》・想《そう》・行《ぎょう》・識《しき》の四要素を成就する。したがって、死の直後に「近得」などの四空《しくう》を心に現すことなく、直接無色界の心の状態に至る。だから無色界に生まれる場合は、色界・欲界に生まれる場合と違って、中有はない。無色界とは、人の死のその場所に存在しているものであって、どこか別の場所にあるのではない。

しかし、この説を真理とした場合、釈迦の誕生譚である「兜率天から降臨して摩耶夫人《まやぶにん》（釈尊の生母）の胎内に入った菩薩は、夢に現れた六牙《ろくげ》の白い象の相であった」と須菩提尊者《しゅぼだいそんじゃ》が説いている伝説に矛盾が生じる。このことをどう考えればよいのだろうか。これについては、妃《きさき》の夢は釈尊生誕の吉祥《きっしょう》なる兆《きざ》しとだけ考えるのが正しい。なぜなら、人として生まれる者の中有が畜生の姿をもつと主張するのは、仏教の多くの説と矛盾するからである。この話については、部派系の仏教（上座部《じょうざぶ》仏教）では言葉どおりに承認しているが、大乗の諸派では単なる吉祥の兆しに過ぎないとしている。

◉幻身について

最後は、死の章の終わりでふれた、中有に進むべき業を浄化することによって獲得される〝幻《げん》身《しん》〟について詳述する。〝幻身〟は、ゲルク派では無上瑜伽タントラの最大の要点とされている。

◎幻身とは何か？

まず、幻身とは何かを理解することが必要である。

プトンは、鏡に自分の姿を映し、それに対してさまざまな想いをめぐらせ、最終的にその鏡像は実体がないものと認識する行法のことを〝幻身〟と述べている。しかしツォンカパは、それは真実の〝幻身〟の理解ではないと断じる。

また、パンチェン・ラマ一世ロサン・チョゲンは、「一切法は、実体あるものとしては空で、幻のごとくである」だとか「尊身は幻《まぼろし》のごとし」と観想することであるとすることも、〝幻身〟

の意味を説明したことにはならないと述べている。

〝幻身〟を起こすための原因となるのは、究竟次第の第三階梯「定寂心次第《じょうじゃくしん》」の最後に現れる究極の定寂心、つまり〝譬《たと》えの光明〟とその光明の乗る風《ルン》である（究竟次第の六階梯については43ページ参照）。

この〝譬えの光明〟は、死の章で説明した〝死の光明〟と構造はよく似ている。今生《こんじょう》で用いたすべての心が消滅した後に覚醒する、非常に微細な根源的意識だからである。ただし〝死の光明〟は、先に述べたように空性を理解する智慧ではない。これに対して、究極の定寂心である〝譬えの光明〟は、空性をイメージで理解する智慧なのである。これを死ぬ際に〝死の光明〟と重ね合わすことができれば、〝母子の光明の混合〟となる。〝死の光明〟から逆行すると中有の身体を獲得するのと同様に、〝譬えの光明〟から逆行すると、〝幻身〟が出現する。

これについてシェーラプ・ギャムツォ師は次のように述べている。

「定寂心次第の最終段階に現れる〝譬えの光明〟より意識の状態が粗いものにもどりはじめると、その光明の乗る風《ルン》が質料因（直接の原因）となり、〝光明の心〟が補助縁となって〝譬えの光明〟を破り（〝譬えの光明〟の境地を超え）、逆行の『近得』を成就する。それと同時に、心の上だけではなく、古い蘊《うん》（行者の身体）より場所を別に移して、曼荼羅《まんだら》をともなう受用身《じゅゆうじん》（報身《ほうじん》）の持金剛《じこんごう》の尊身（ブッダの身体）を実際に起こす（創造する）ことが第三次第の幻身である」

このように幻身とは、〝死の光明〟から中有の身を起こすように、〝譬えの光明〟から、心の中でそう思うだけでなく実際に外側に物質的な現象としての尊身を成就し、創造することなのである。

もう少しわかりやすく説明するために、ここで、幻身と中有の身との違いについて述べようと思う。

中有の身はその原因が〝死の光明〟とその光明の乗る風《ルン》である。〝死の光明〟の意識は日常の心の働きが一切停止しているため、一時的に煩悩は表面化せず、さまざまな分別《ふんべつ》（記憶や判断力、諸々の感覚）が消え去り、一見清浄に見えるが、本質的に煩悩を捨てたわけではないので、中有の身を成就すれば当然またもとの状態にもどる。その原因は、すべての煩悩の源である無明《むみょう》を捨てていないことにある。

無明とは、すべてのものが対象の側から成立しているものとして認識してしまう心であり、この心がすべての怒りや執着《しゅうじゃく》を燃え上がらせている。〝死の光明〟では、対象の側からは存在しない、すなわち「空」なのだと理解するわけではないから、「近得」を成就して徐々に粗い意識が起こってくると、根を切っていない雑草のように以前と変わらず煩悩が起こってくる。このような汚れた意識と、それと同じ本性の風《ルン》を原因に成立した中有の身もまた不浄な存在であるといえる。

これに対して〝幻身〟のほうは、〝譬えの光明〟すなわち空性という真理の智慧の乗物である風《ルン》を原因としている。これは無明がとらえている対象の側から成立している存在を否定できる意識だから、中有の基となった意識とは明らかに異なった状態であることが理解できるだろう。

仏の色身《しきしん》は、波羅蜜乗《はらみつじょう》では三阿僧祇劫《さんあそうぎこう》かけて膨大な福徳資糧《ふくとくしりょう》を積集してはじめて成就する。だが、〝幻身〟を獲得した者は、その生涯のうちで必ず成仏するとされている。つまり〝幻身〟は、無量の時間をかけなければ積むことのできない膨大な福徳資糧すべてを代替《だいたい》するものというわけである。

ヤンチェン・ガロは『秘密集会タントラ概論』で次のように述べている。

「幻身を成就する方法を［頭で］理解するだけでもはかりしれない功徳《くどく》があると説かれている。［秘密集会の釈タントラ］『智金剛集《ちこんごうしゅう》』によれば「大楽《たいらく》の三摩地《さんまじ》のみを強く希求するだけでも、新発意《しんぼっち》の境地に住するものとなって、不退位《ふたいい》を学ぶものとなる」と述べ、幻身を［頭で］理解して強く希求するだけでも、新発意の境地、すなわち生起次第を成満《じょうまん》したことと等しく、その道において族を決定する境地を学んだような利益《りやく》を生ずると説かれている。ここでの「大楽の三摩地」とは幻身の［別］名を述べたのである」

このように、たとえ幻身の成就ができなくても、その構造を理解できるだけで生起次第を成満したのと同じ功徳があるというのである。

ちなみに、ヤンチェン・ガロは次のように言う。

「眉間《みけん》に観想した光の粒の中に、曼荼羅とその本尊のすべての部分をくっきりと鮮明に観想できて、なおかつ、うつろいや散漫から離れて、何か月、何年でも欲するだけ瞑想しつづけることができるようになれば、生起次第を成満した目安といえる」

そもそも、これだけの行が完成すれば、はかりしれない功徳があると思うが、これと同等の福徳を積むことができるというわけである。

さて、究極の定寂心である〝譬えの光明〟から逆行して獲得した幻身を「不浄の幻身」という。不浄とされる理由は、この幻身を成立させている因は〝譬えの光明〟とその乗物の風《ルン》であるが、どちらも空性をイメージで理解しているに過ぎないため、心はまだ煩悩障と所知障により汚染された状態、すなわち有漏《うろ》の状態である。

しかし、幻身自体が三阿僧祇劫分の代替となる福徳の集積された結晶なので、全身から溢《あふ》れ出るその福徳の力でたちまち空性を直観的に理解できる境地に至り、煩悩障をすべて刹那に断滅するという。これが〝勝義《しょうぎ》の光明〟という段階である。

勝義の光明を成就すると、不浄の幻身は消滅し、勝義の光明から逆行すると同時に勝義の光明とその乗物の風《ルン》を因として成立する身体を獲得する。これが「清浄な幻身」で、この身体は、そのまま途切れることなくブッダの色身へとつながっていく。

◎幻身のもつ十五の特徴

パンチェン・ラマ一世ロサン・チョゲンによれば、〝幻身〟は次の十五の特徴を備えているとされる。

①因の特徴――定寂心次第の最終段階に現れる〝譬えの光明の心〟と、それが乗る風《ルン》だけでできているものであるということ。

②成就するときの特徴――〝譬えの光明〟から逆行した「近得」が心に現れると同時に成就するものであるということ。

③場所の特徴――最初は粗い身体（不滅の滴《ミシッペー・ティグレ》）の内側か外側のどちらかに〝幻身〟を出現させるということ。

④本性の特徴――風《ルン》と心のみからできたもので、透明で、抵抗感のない虹の身体であること。

⑤色の特徴――原因となる微細の持命《じみょう》の風《ルン》は白色であるから、〝幻身〟の中心尊は身体の色が白色であること。

⑥姿の特徴――三面六臂《ぴ》（顔が三つで手が六本）で明妃《みょうひ》をともなう姿であること。

⑦見え方の特徴――〝幻身〟を得ていない一般人には直接見ることができないということ。

⑧光の特徴――身体の光により数限りない世界を照らすことができるということ。

⑨対象を享受する特徴――すべての根識《こんしき》が備わっていて、「支分《しぶん》の五風」（22ページ注を参照）

をともなっていること。

⑩起き方の特徴――修道者の決意の力によって〝光明〟から起きるということ。

ここで、この起き方の特徴について少し説明しよう。

凡夫《ぼんぶ》が〝死の光明〟に入るのとは異なり、熟達した無上瑜伽タントラの修道者は〝光明〟の中に好きなだけとどまることができるようになる。

しかし、あまり長時間とどまっていると衆生を救うことはできないので、当然、意思をもってこちらへもどろうと試みるわけだが、〝光明〟のときは非常に微細な意識しかない。そのために、〝死の光明〟のときのように業の力で自然に〝光明〟から起きることはできないので、自分で前もって〝光明〟から短時間でもどってこようとする決意がどうしても必要となってくる。

日常的なことでいうと、たとえば、翌日早朝に起きて仕事をしなくてはいけないと強く思っているとき、ごく自然に早い時間に眼が覚めることがあるが、あれと似ている。〝光明〟に入っていく前に必ずこの「〝光明〟から早く起きて、衆生を救済しよう」という強い決意をもっておくと、その力によって〝光明〟の意識から起きることができるというわけである。

⑪功徳の特徴――〝幻身〟はさまざまな功徳をもっているということ。

〝幻身〟はブッダの身体によく似た相好（特徴）によって飾られていて、虚空《こくう》から自在に何でも取り出すことができる。これについて、一つエピソードを紹介しよう。

チャンドラキールティがナーランダー僧院にいたころ、彼がもってきて皆に配る牛乳があまりおいしいので評判になった。どこからこのようなおいしい牛乳をもってくるのか興味をもった一人の僧が、彼のあとをつけた。すると、砂の上に牛の絵を描き、そこから牛乳をしぼっていたという。彼は空性を完全に悟っていたため、空よりものを生み出すことができたのだ。

〝幻身〟を獲得した者はまた、多くのブッダから灌頂《かんじょう》を受けて、その生涯で成仏することが可能だともいう。

⑫譬えにより象徴される特徴——〝幻身〟は十二の譬えにより象徴されるということ。

十二の譬えとは、幻、水月《すいげつ》、影、蜃気楼《しんきろう》、夢、谺《こだま》、乾闥婆《けんだつば》、魔術、虹、稲光《いなびかり》、水泡、鏡像のこと。これらの譬えの意味をいくつかあげてみよう。

救済を求める人がどこにいようとも、受用身《じゅゆうじん》（とそれにともなう変化身《へんげしん》）をそこに現すことができるのは水に映った月のようである。〝譬えの光明〟より突然起き上がることは水泡のようである。火を使った武器などによって燃やしたりつぶしたりできないことは影のようである。突然一つより多くのものを、多くより一つのものを現すことができるのは魔術のようである。

現れるのは稲光のようである。

乾闥婆（ガンダルヴァ）はインドの神話上の妖精の名である。ここでは餓鬼の一種を指し、水面に刹那に城を築くので、幻身とマンダラが同時に出現する譬えとなっている。

⑬異名《いみょう》の特徴――〝幻身〟は、自加持《じかじ》とか、受用円満身《じゅゆうえんまんじん》、金剛身《こんごうしん》などという別名で呼ばれることがある。

⑭自加持という呼び方の特徴――自加持とは、次のようなことである。たとえば「私」という際に、「私」と命名する対象の基盤は、非常に微細な風《ルン》と意識である。それを加持する、すなわち尊身として生起する（幻身として出現させること）から、自加持と呼ぶのである。

⑮期間の特徴――これは「不浄の幻身」のことであるが、最初に成就してから、第四次第の〝勝義《しょうぎ》の光明〟が出現するまで存在し、〝勝義の光明〟が出現したとき、虚空に虹が消えていくように消失していくということ。「清浄な幻身」は先も述べたように仏の色身に途切れることなくつながっていく。

このことについては少し説明しよう。

〝譬えの光明〟とは、前述したように、修道することによって現出した〝空性理解の光明〟である。この光明はとても清浄な光明で、空性を直観的に理解したときの意識の状態とそっくりであるが、厳密にいえばイコールではない。〝空性を直観的に理解する智慧〟に少し混ぜ物が入ったような状態である。したがって、このような状態の光明を、本物の空性体験に近い光明ということで〝譬えの光明〟と名づけたのである。

以上、ゲルク派のブッダへのプロセスを少し詳しく述べてみた。しかし正式に修行するには、必ず灌頂を受け、師僧より正しい伝授を受けることが必要であることはいうまでもない。

さて、〝幻身〟を得た人は、そのままの姿では救済を求める一般の衆生を救うことはできない。そこで、〝幻身〟つまり受用身を得た修道者は、一般の衆生にもわかる具体的、物質的な姿をとる必要が生じてくるのである。それが変化身と呼ばれる姿である。この変化身を出す過程になぞらえられる根源となるものは、輪廻において転生し、新たに生を享《う》ける過程である。続く「生の章」では、この再生への過程について詳しく述べることにしよう。

生の章

生を享ける様子の説明

第三の階梯《かいてい》は、その者（中有《バルド》の者）が、胎蔵《たいぞう》において生を享《う》ける様子についてである。

それはまた、その中有の者が母の子宮に生を享けるためには、三つの必要条件を実現して、三つのあってはならない欠陥を離れなくてはならない。

まず、母が病なく生理をともなう場合であること、中有の者が近くにいて子宮に入りたがっていること、父母の二人が相互に欲望を感じて接触していることの三つの必要条件を実現することが必要である。

［それに反して］母の子宮の中央が麦の形や、蟻《あり》の腰、駱駝《らくだ》の口のような［形をしている場合］と、風《ルン》・胆嚢《ティー》・粘液《ベーケン》の三つが痛んでいる［場合］を「子宮の欠陥」という。

［また、］父母の二人のどちらかが精液、血液がなかったり、あるいはあったとしても、それらを放出する時間が前後することで、二人が同時に放出できなかった場合、放出してもどちらかに欠陥がある場合のことを「種の欠陥」という。

次に、その中有の者が父母二人の子として生まれる業《レエー》がなかった場合、あるいは、父母の二人がその中有の者の父母となるべき業がなかった場合などについては、「業の欠陥」というのである。

［これら］三つの欠陥を離れなくてはいけないと『聖長老難陀《しょうちょうろうなんだ》に入胎《にゅうたい》を説くと

名付ける大乗経《だいじょうきょう》』に説かれている。
［また、］*1『律分別《りつふんべつ》』には六つの要点を実現しなくてはいけないと説かれているが、これらも同じ内容である。

そのように子宮で生を享けるために必要な三つの縁がそろい、それを阻む三つの縁を離れたその中有の者には、父母二人が性交をしているのを幻のように見て、自分も性交をしたい、という〝貪《むさぼ》るような強い欲望〟が生じてくる。［それにより］男に生まれるならば母を求め、父からは離れたがり、女に生まれるならば父を求め、母からは離れたがる欲求が出てくる。

それから、いずれか貪る対象（父や母）が性交を始めると、業の力によって二人の身体のほかの部分はどこも見えなくなり、父母いずれかの性器のみが見えるようになるので、怒りが生じて、怒りと欲望の二つ［の原因］が死の縁をなし、［中有の者としては死んで］子宮に入るのである。

その食香《ティーサ》（中有の者）は、父母二人が性交をすることがないにもかかわらず、間違って精液と血液とが性交をしていると見る、と『本地分《ほんじぶん》』には説かれている。『倶舎論釈《くしゃろんしゃく》』には［中有の者が］父母が性交しているところを見る、とも説明されている。

また、父母の二人が和合して二根《にこん》を摩擦《まさつ》した力により、下行風《かこうふう》が上に昇って

*1 **『律分別』**――『根本説一切有部毘奈耶《こんぽんせついっさいうぶびなや》』のこと。比丘戒《びくかい》二四九条についてその内容を解説したもの。西蔵大蔵経北京版No.1032

脈管《ツァ》の交差する中心にある普通のチャンダーリー[*2]等を点火し、熱の力で白赤の精液が溶解したものを七万二千の管の諸々の脈管より降ろす。そのことで心身が楽になり満足する。

その場合に、強い欲望の場面に至ったら、［その］後に精液のそれぞれドロッとしたものが生じ、その後に父母の双方より精液と経血の滴粒《ティグレ》が必ず生じるのである。それは母の子宮の中で混合して、牛乳を煮るとできる浮膜《ふまく》のようになって存在する。［そのようにしてできあがった］精液と経血の混合物の中央へ、中有の者の死の意識が入るのである。

その様子は、最初に中有の者が父の口、あるいは頭頂、または母の性器の入口の三か所のいずれかより入り、七万二千の管のうちから降りてきた滴粒《ティグレ》と出会う。

［そのとき、］中有の場面での［心の八十］分別《ふんべつ》を動かす諸々の風《ルン》に染み込んで、「顕明《ナンワ》」「増輝《チェーパ》」「近得《ニェートプ》」の三つが順に心に現れるのである。

中有の者に訪れる諸々の〝死の光明〟は、前に古い粗大な肉体を捨てて死に至った場面に比べると、ずっと刹那《せつな》的に速やかな格好で心に現れる。

そのとき、〝陽炎《ミギュ》〟より〝光明《ウツセル》〟に至るまでの諸々の兆《きざ》しが現れて、〝光明〟の［心の］流れの後続が精液と経血の混合した中央に入胎《にゅうたい》して生を享けることと、［〝光

＊2　**チャンダーリー**——臍《へそ》のチャクラの奥にある、母から受けた血液の一部があるところ。トゥモともいう。

明″から死に至るのとは逆の順番で］逆行する「近得」を成就《じょうじゅ》するのとは同時である。

「近得」の心の最初の刹那は「生有《キエーシイ》」と名づけられるもとであり、子宮に最初に入胎した心である。

次に「近得」の第二刹那（二番目に起きるほんの一瞬）以下、続いて「増輝」、次に「顕明」、「顕明」より″八十自性《ランシンゲチュイトッペーセム》の諸々の分別″が、乗り物である風《ルン》をともなうものを生じる。

「顕明」の乗り物である風《ルン》より意識のよりどころとしての特別な能力をもつものとなった風《ルン》を生じ、それよりそのような特別の能力となった火界《かかい》を生じ、それよりそのような特別の能力をもつ水界《すいかい》を生じ、それよりそのような特別の能力をもつ地界《ちかい》などが順に生じてくる。

中有［の者］がどの門より子宮に入るかについては、『秘密集会成就法安立《ひみつしゅうえじょうじゅほうあんりゅう》次第《しだい》』に*3毘盧遮那《びるしゃな》の門である頭頂より入ると説いてある。

［また］『*4マハーサンバローダヤ・タントラ』と『*5金剛鬘《こんごうまん》』の二つには、父の口より入ると説明していることから、中有［の者］は最初に父の口、あるいは頭頂より入り、父の秘密処《ひみつしょ》より出て母の蓮華《れんげ》に入ってから、子宮にある白い精液と経血の中央に中有の死の意識が入胎するのである。［また、］『倶舎論釈』

＊3 **毘盧遮那**――毘盧遮那如来《にょらい》（大日《だいにち》如来）。ここでは頭頂のこと。

＊4 **『マハーサンバローダヤ・タントラ』**――無上瑜伽タントラの母《も》タントラ。光明について詳しく説かれているとされる。西蔵大蔵経北京版No.20

＊5 **『金剛鬘』**――『秘密集会タントラ』を補う釈《しゃく》タントラの一つ。西蔵大蔵経北京版No.82

には母の性器の入口から入ると説いてある。

以上のようなことから、中有［の者］には、母の性器の入口と父の口と頭頂の計三つの子宮に入る門があると知るべきである。

これは胎生《たいしょう》の「人」の中有の者が子宮に入ることを特に述べたのであって、一般には中有は無碍《むげ》であるから入口は特に必要としない。

「鉄の玉を裂いたら、中から小さな虫が出てくることがあると聞く」と『倶舎論釈』に説かれている。

［これは］とても固い岩と割れ目のない石のうちにも生物がいる［ことから、中有の者はどこでも通り抜けることができる］からである。

子宮の中で身体がしだいに大きくなっていく様子［について説明する］。

まず、その子宮というものは母の胃の下、大腸の上の位置にあると『聖長老難陀に入胎を説くと名付ける大乗経』に説かれている。

そこで息づく最初の「メルメルポ」［といわれる状態］は、外側を、牛乳を煮たときにできる浮膜《ふまく》のようなもので覆《おお》ったもので、内側はとても淡いものである。

それから粗《あら》い蘊《うん》が成就するのであるゆえに、死に至るまで微と粗の身などは［すべて］四界《しかい》より成就したものである。

また地［界の］風《ルン》はつかむ作用をする。
水［界の］風《ルン》は集める作用をする。
火［界の］風《ルン》は腐らず、成熟させる作用をする。
風［界の］風《ルン》は広げる作用をする。

「メルメルポ」は七日経《た》ったならば、新しい風《ルン》が生じて風《ルン》が熟したことにより「タルタルポ」［といわれる状態になる。これは］内と外の双方ともヨーグルトのようで、柔らかで肉とはなっていない。

それが七日経つと、次に新しい風《ルン》が生じて熟したことにより「ゴルゴルポ」［といわれる状態になる。これは］肉になるにはまだまだで、押さえられることに耐えられない。

それが七日経つと、新しい風《ルン》が熟したことで「タンギュル（「堅固《けんご》になる」の意）」［といわれるもの］になる。それは、肉は少し固くなって、押さえられるのに耐えられるようになるのである。

さらに七日経ったなら、また新しい風《ルン》が熟したことで「カンラギュ（「手足が出てきた」の意）」［になる］。ここでは二本の太股と二つの肩、頭の相、すなわち［全部で］五つの突起がはっきりと出現する。

以上の、子宮の中での五つの過程は『秘密集会成就法安立次第』に説かれている。

『倶舎論釈』と『聖長老難陀に入胎を説くと名付ける大乗経』に説かれている「ノルノルポ」と「メルメルポ」と後の三つは先と同様に説明してあり、また『本地分』に説かれたものは、その二つは順が逆であっても、名前の順番が等しくないだけで意味に矛盾はないと説明されている。

四週間の範囲［内］に諸々の白・赤の滴粒《ティグレ》を清浄なものと染汚されたものに分けて、白［い精液］より体内に精液、筋肉、骨などの父より得た三つの要素と、赤い精液より外に肉、皮膚、血などの母より得た三つの要素が生じる。

意識が入った精液と経血のその場所は後に胸となる。そこに非常に微細《みさい》な風《ルン》と心の二つと精液と経血の二つ、すなわち四つを集めた球は芥子粒《けしつぶ》ぐらいの大きさで、それを中央にして覆うかたちで中央脈管があり、左右から左右管の二本が中央脈管に三回ずつからみついている。

次に上行風《じょうこうふう》が上に昇り、下行風が下に降りることで、左右中央の三つの脈管が上下に分離してくる。［身体は］上下の二か所が細くなって中央が太い魚のような形になる。

それから順に、五つの突出とその後に「それらから生じる」「五支分《ごしぶん》」と、そのもとに髪と爪と体毛などや［眼耳鼻舌身《げんにびぜつしん》の五つの感覚器官である］諸々の有色根《うしきこん》、男女の性器と、口から出入りする息と、［声や飲食などの］動作をする舌や顎《あご》等の「口の八住処《はちじゅうしょ》」、意識が対象に対して動く想念の完成などがしだいに生じてくる。

そのように胎児となって、男子であるならば母の右側に背骨に面してうずくまっているし、女子であるならば母の左側に前面を向いてうずくまっている。

子宮に入っている長さの単位［について］も『聖長老難陀に入胎を説くと名付ける大乗経』には三十八週間を満了してから生まれていると説かれているから、二百六十六日である。

『本地分』では、それにさらに四日たして、二百七十日を円満《えんまん》して（満たして）生まれてくると説かれている。

［また］『マハーサンバローダヤ・タントラ』には、十か月目に外に出たいという心をともなうと説かれている。

その三つは、まるまる九か月と十日かかることが共通しているのである。『聖長老難陀に入胎を説くと名付ける大乗経』と『本地分』に説かれた日数は［太陽が昇り沈むまでの時間を一］日とし、［月は月が満ちて欠け終わるまでを一］月としている。

また三十五週目に蘊処界《うんしょかい》*6、手足と指、髪や爪などの身体と言葉を述べる場所

＊6　**蘊処界**——有情《うじょう》に属している諸要素を五蘊、十二処、十八界に部類分けしたものをいう。

である舌、顎と、意識が対象をとらえる諸々の想念などが完成するが、この三十六週目に入ると、［生まれ出ようする者は］子宮の中にいることに満足できず、外に出たくなってくる。

そして三十七週目に入ると、子宮は臭く、不浄だとの思いを生じることになる。最後の三十八週目には、前世からの業により生じた「文分」という［名の］風《ルン》が起こって、子宮の有情《うじょう》のその身体は頭と尻が入れ替わり、手足を縮めて母の子宮より胎門《たいもん》に向かう。

それからまた、前世の業より生じた「顔が下を見る」という［名の］風《ルン》が起こって、子宮の有情は頭を下に、足を上にして、尿道（子宮の道）より外に向かい、三十八週目の最後に外に出て、通常の視野のものとなる。［その後、］児童、青年、成年、熟年、老年という生育の五つの過程をしだいに生じていくのである。

さらにいえば、「脈管《ツァ》」「風《ルン》」「滴粒《ティグレ》」の成立の仕方についてであるが、まず最初に胸の左右中央の三つの脈管と東の「スンコルマ」[*7]、南の「ドトマ」[*8]の五脈管が同時にできあがる。その後、中央脈管とともにある「ドゥーデルマ」[*9]と西の「キムマ」[*10]と北の「トゥモ」[*11]の三つが同時にできあがるのである。［これらのことを］「胸に最初にできた八脈管」という。

*7　**スンコルマ**――胸のチャクラの脈弁の一つで、中央から前向きに生えているもの。

*8　**ドトマ**――胸のチャクラの脈弁の一つで、中央から右向きに生えているもの。

*9　**ドゥーデルマ**――胸のチャクラの脈弁の一つで、風《ルン》の動きを制御する働きをするもの。

*10　**キムマ**――胸のチャクラの脈弁の一つで、中央から後ろ向きに生えているもの。

*11　**トゥモ**――胸のチャクラの脈弁の一つで、中央から左向きに生えているもの。

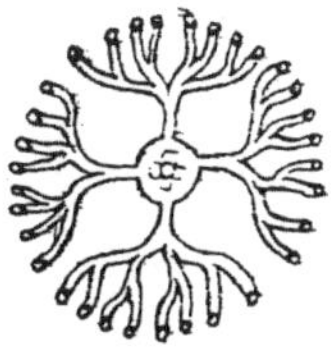

頭頂のチャクラ

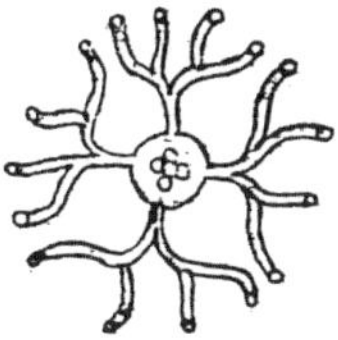

喉のチャクラ

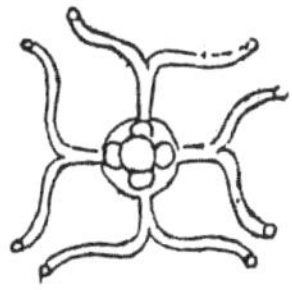

胸のチャクラ

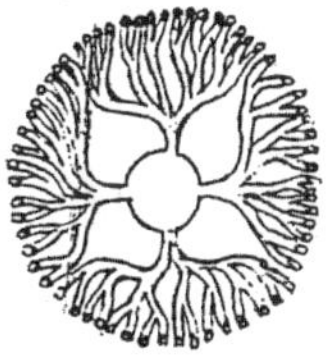

臍《へそ》のチャクラ

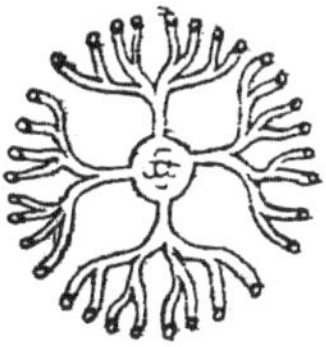

秘密処《ひみつしょ》のチャクラ

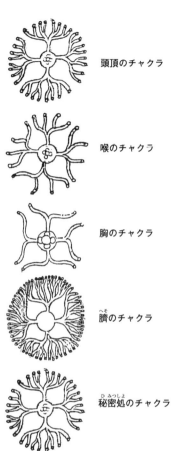

それから、四方の脈管が二つずつに分離し、四角の節弁《せつべん》と胸の八節弁に続くものが三つずつに分離して、二十四の場所にある二十四の脈管となる。二十四のそれぞれより三つずつに分離したことで七十二となり、それがさらにそれぞれ千ずつに分離して七万二千管となるのである。

風《ルン》の成立の仕方については、第一に子宮に入胎して最初の一か月目に〝微細の持命風《じみようふう》〟から〝粗い持命風〟が生じる。そのとき、その有情の身体の形は魚の相をしている。

第二か月目にその［粗い］持命風から下行風が生じる。そのとき、有情の身体には五つの突起が亀のように存在する。

第三か月目に下行風より等住風《とうじゆうふう》が生じる。そのときその有情は上体がわずかに湾曲《わんきよく》した野豚の相になる。

第四か月目に等住風より上行風が生じ、そのとき上体が少し広くなって獅子《しし》の相になる。

第五か月目に上行風から遍満風《へんまんふう》が生じ、そのときその有情の身体は幼児の形になると説明されている。

第六か月目に眼門《げんもん》を動く風《ルン》、すなわち動風《どうふう》というものと、「地界《ちかい》」が生じる。

第七か月目に耳穴《にけつ》を動く風《ルン》、すなわち甚動風《じんどうふう》というものと、「水界《すいかい》」が生じる。

第八か月目に鼻穴《びけつ》を動く風《ルン》、すなわち正動風《しょうどうふう》というものと、「火界《かかい》」が生じる。第九か月目に舌門《ぜつもん》を動く風《ルン》、すなわち妙動風《みょうどうふう》というものと、「風界《ふうかい》」が生じる。第十か月目に身門《しんもん》を動く風《ルン》、すなわち決動風《けつどうふう》というものと、「虚空界《こくうかい》」が生じる。そのとき、［同時に］身体の毛穴を生じる。

子宮において十風《じっぷう》ができても、そこでは鼻の門より［息の］出入りをなさない。外に出生《しゅつしょう》した瞬間に、鼻の穴より［息が］出入りをなすようになると説明されている。

滴粒《ティグレ》ができる様子は、清浄の白と赤の精液と非常に微細な風《ルン》と意識が集まった芥子粒ほどの大きさのものが、胸のアヴァデューティ*12（中央脈管）の中央にわずかにある空洞の内側に存在する。それを〝不滅の滴《ミシッペー・ティグレ》〟というのである。

次に、その白い精液より一部分が頭頂のチャクラへ行って、とどまったものを「ハム字（ཧཾ）」という。

それが身体のほかの場所の諸々の白い精液の滴粒《ティグレ》を、直接あるいは間接的に滋養《じよう》する。

［次に］胸の赤い精液より一部分が臍《へそ》のチャクラの中に入ってとどまったものを「チャンダーリー（トゥモ）」という。

それが身体のほかの諸々の場所の赤い精液の滴粒《ティグレ》を、直接あるいは間接的に

*12 **アヴァデューティ**——サンスクリット語で中央脈管のことをアヴァデューティという。原文では、この箇所でこの語を使っている。

滋養する。

チャクラのそれぞれには、少しずつの滴粒《ティグレ》があるけれども、頭頂のチャクラは白い精液を滋養する場所の中心であり、臍のチャクラは赤い精液を滋養する場所の中心である。

胸のチャクラは白赤の精液を等分に滋養する場所である。

その白赤の精液はまた、その必要時に生じるものであって、器に水が入れてあるように存在するのではないといわれている。子宮に受胎してから粗い身体の生を享けたその者を「基時《きじ》の変化身《トウルク》」という。

そのように、中有の者が子宮に入胎してから生を享けるこれらの設定は、生《キ》起次第《エーリム》を修道する者が「生」を〝変化身〟の道に転変する修道法と、究竟次第《ソクリム》を修道する者が〝清浄・不浄の幻身《タク・マタクペーギュル》〟から〝粗い変化身〟を出したり、また古い蘊（肉体）に入って通常の人たちの視野となることなどの様子と共通するものであって、それら［修行者］の浄化の対象である。

このように、［中有の者が子宮に入胎してから生を享けるこれらの構造は］生起次第・究竟次第の二つの次第の浄化の対象であることに違いはないのである。

だから生起次第は、普通の死《シー》と中有《パルド》と生《キエー》の三つを浄化の対象として、浄化［する行］を通じてその三つと順次相を共通［させる］。すなわち、死を法身《チューク》への道に転変する修道法と、中有を受用身《ルンク》への道に転変する修道法と、生を変化身への道に転変する修道法としての三つを、［他の守護輪《しゅごりん》の観想などの］支分[*13]とともに観想して、間接的に凡庸な死・中有・生の三つを清め、その三つと行相がそのまま相応する三身《さんじん》を実現するのである。

究竟次第は、その基時の三身（生・死・中有）と行相がそのまま相応する道で、その三つを直接に浄化する。

さらに詳しく述べるなら、〝死の光明〟と行相がそのまま相応する［修道法は、］定寂身《ルーイエン》[*14]、定寂語《ンガイエン》、定寂心《セムイエン》、幻身《ギュル》、有学の双入《ロッペー・スンジュク》などの次第の「顕明」「増輝」「近得」の三つと光明《ウッセル》なのである。

中有と行相がそのまま相応する［修道法は、］第三次第[*15]の〝不浄の幻身《マタクペーギュル》〟と有学の双入の［階梯で得られる］〝清浄な幻身《タクペーギュル》〟である。

生と行相がそのまま相応する［修道法は、］〝清浄・不浄の幻身〟などが古い蘊（肉体）に入って、［普通の人の姿で］凡庸な［人々の］視界に見える場合である。

究竟次第のその諸々の道により生、死、中有の三つを直接浄化する方法［は、次のようなものである］。

*13　**支分**――ここではそれに付随する瞑想法のこと。たとえば守護輪の観想など。

*14　**定寂身、定寂語、定寂心、幻身、有学の双入**――「光明」以外の究竟次第の五つの階梯。全六階梯は、①定寂身次第、②定寂語次第、③定寂心次第、④幻身、⑤光明、⑥双入次第の順となる（43ページ参照）。

*15　**第三次第**――究竟次第を五次第とする場合、幻身は第三次第となる。定寂身を独立した次第とする六次第の分類では第四次第となるが、それらは分類・集約上の違いのみで考え方に矛盾はない。

究竟次第の修道者が、自分自身の非常に微細な風《ルン》と心がその流れをずっと継続していき、普通の〝死の光明〟になってしまう階梯を、瞑想の力によって破って、それ（普通の死）と行相がそっくりそのまま相応する修道法で、修道時に〝譬えと勝義の光明《ペーウッセルタントウンキウッセル》〟と〝果の光明《デウーキウッセル》〟すなわち法身に転ずることが、死を清める方法である。

［また、］究竟次第の修道者が［先と］同様に非常に微細な風《ルン》のその流れを継続していき、普通の〝死の光明〟の乗り物となってから中有の身を起こすことを、瞑想の力により破って、中有と行相がそっくりそのまま相応する修道法で〝不浄の幻身〟と*16有学《ロプ》・*17無学《ミロプ》の〝清浄な幻身〟に転ずることが、中有を清浄にする方法である。

そのような〝幻身〟を成就したならば、中有を根本的に破壊し、その力により業、煩悩で子宮に生を享けてしまうことも破壊して、中有が母の子宮に生を享けることと行相がそっくりそのまま相応して、〝幻身〟が古い蘊（元の肉体）に入って法を説くことや、さらに上の修行を成就する努力をなすことが、生を清浄にする方法なのである。

だから、生、死、中有の三者を実際に破壊する根本は、〝幻身〟の直接の原因となった［この究竟次第の］究極の定寂心である〝譬《たと》えの光明〟のみである。

*16 **有学**——煩悩障《ぼんのうしょう》を捨てたが、所知障《しょちしょう》（煩悩の習気《じっけ》）が残っていて、まだ学ぶ余地のある者。

*17 **無学**——煩悩障と所知障の両方を完全に捨て、もはや学ぶべき余地のない者。

なぜなら、それが死を直接に消滅させた力によって、中有と生を自然に消滅させることができるからである。

そのような〝譬えの光明〟から〝幻身〟を成就したとき、中有は根本的に破壊される。なぜなら、中有の身を起こすはずの非常に微細な風《ルン》が〝幻身〟になってしまうからである。

中有を根本的に破壊したならば業と煩悩によって生を享けることはないという理由から、〝幻身〟を得たならば、その生において成仏する条件を満たしたことになるのである。

右に説明したそれらの理由の論拠は、引用が多くなりすぎることを危惧《きぐ》して書かなかったが、ツォンカパ尊者父子《そんじゃふし》の善説と、その説に従い実践する学と行を修めた聖なる成就者方のお言葉より知るべきである。

【奥書】

この[*18]理趣《りしゅ》は[*19]第二の勝者《しょうじゃ》父子と
[*20]その後に続く智者《ちしゃ》のお言葉どおりに書きましたが、
聖なるお考えに至ることのできない過失を
ラマと本尊と智者方に懺悔《さんげ》いたします。
これにより積んだ善根《ぜんこん》によって自他一切が
[*21]深甚《じんじん》な道、二次第の瑜伽《ゆが》によって
不浄なる生・死・中有を仏の三身に
変化させてしまう素晴らしい道を
すみやかに完成しますように。

これはヤンチェン・ガロが聖なるお言葉より聚《あつ》めて自分が忘れないようにするために書きました。

＊18　**理趣**——ものの道理。本書『基本の三身の構造をよく明らかにする灯明』のこと。

＊19　**第二の勝者父子**——ツォンカパを釈尊に続く第二のブッダと考え、ツォンカパと二大弟子のダルマ・リンチェン、ケートゥプ・ジェを第二の勝者父子と呼ぶ。

＊20　**その後に続く智者**——ツォンカパのあとに続いて教えを継承しているゲルク派の学僧たち。シェーラプ・センゲ、ダライ・ラマ一世など。

＊21　**深甚な道、二次第の瑜伽**——ブッダの境涯を得ることのできる深遠な二つの修道論、生起次第・究竟次第の無上瑜伽のプロセス。

生の章……生を享ける様子の説明

《解説篇》

〝勝義《しょうぎ》の光明《こうみょう》〟と〝清浄な幻身《げんしん》〟を獲得し、完全無欠の心と身体を得た、究竟《くきょう》次第《しだい》の双入《そうにゅう》の境地にある修道完成者は、この再生の階梯《かいてい》において、自らの意思によって物質的肉体をともなった変化身《へんげしん》を成就することになる。

しかし、一般的には、輪廻《りんね》の主体となる存在すなわちポドガラは、不浄なる中有《ちゅうう》の身体をもつことで苦しみ、そこから逃れるために再生し、輪廻転生《てんしょう》を繰り返すことになるのである。その再生への過程は次のとおりである。

◉中有の者が生を享けるための六つの条件について

最長で四十九日の中有の期間を終えた者は、次に人に生まれるのであれば母の胎内に入らなくてはいけない。

そのため、まず次の六つの条件をクリアすることが必要になってくる。六つの条件とは、次の三つの欠点がないことと、三つの必要条件を満たすことからなる。

あってはならない三つの欠点

子宮の欠点――ひとつは、母の子宮の中央が麦のような形、蟻《あり》の腰のような形、ラクダの口のような形になっている場合。もうひとつは、風《ルン》と胆嚢《たんのう》と粘液《ねんえき》の三つが痛んでいる場合。以上のことがあれば、子宮に欠点をもつとされている。

種の欠点――ひとつは、父母のどちらかの精液、血液が放出されない場合。そのことに加えて、放出されても父母の精液と血液の放出が、時間的に一致することなく、相前後して放出されてしまい、同時に放出されない場合。また、同時に放出されてもどちらかの精液か血液が腐っている場合。これらの条件がある場合、種に欠点があるとするのである。

業《ごう》の欠点――中有の者がその父母の子として生まれる業を備えていない場合。また、父母のどちらか一人でもその中有の者の親となる業を備えていない場合。こうした点がそろっている場合、業に欠点があるとするのである。

三つの必要な条件

母親の身体が健康で、ちゃんと生理があること。

中有の者が、父母となる人のそばにいて母の子宮に入りたがっていること。

父母の二人が相互に欲望を起こして触れ合っていること。

以上のあってはならない三つの条件と三つの必要な条件を合わせた六つの条件については、『聖長老難陀《しょうちょうろうなんだ》に入胎《にゅうたい》を説くと名付ける大乗経《だいじょうきょう》』の中に述べられている。

ここで、この聖長老難陀という人物に伝わるエピソードを紹介しよう。

難陀（ナンダ）は釈尊の従兄弟《いとこ》にあたり、有名な阿難尊者《あなんそんじゃ》（アーナンダ）とは別の人物である。

難陀は釈尊の従兄弟であると同時に信者でもあった。

彼と彼の妻とは、たいへん夫婦仲がよかったと伝えられている。しかし釈尊は、難陀が出家すれば今世《こんぜ》でそうとう高い境涯に至ることができると日ごろからお考えになっていた。

あるとき、釈尊は難陀に食事の用意をして自分のもとに来るように言いつけられた。

在家信者としてはこの上ない名誉なことなので、彼はたいへん喜んだ。しかし彼の妻は、釈尊が難陀を出家させるつもりだと気づき、彼が釈尊のもとに行くのを嫌がったが、信者であり従兄弟でもある難陀は釈尊のもとに食事を届けないわけにはいかなかった。

そこで彼の妻は、難陀の頭の上に一滴の水滴をのせた。そして、その水滴が乾かない間にもどってくるよう念を押したのである。

難陀は承知して釈尊のもとに行き、食事を置いてすぐにもどろうとしたが、妻が思ったとおり、釈尊に少し座って話を聞くようにと呼び止められてしまった。そして説教を聞かされ、とうとう出家させられるはめになってしまったのである。

難陀は修道に入ったが、妻のことが気になって真剣になれないでいた。そんな状態を見かねた釈尊は、あるとき神通力《じんつうりき》を使って難陀を天界に連れていかれた。そこにはこれまで見たこともないような美しさをもった大勢の天女が舞い遊んでいたが、不思議なことにそこにはひとりの男性もいなかった。

不審に思った難陀が天女の一人に、なぜここには男が一人もいないのか尋ねると、天女は次のように答えたという。

「今、閻浮提《えんぶだい》に難陀という人がいます。この方は釈尊の弟子になられて高い徳を積まれ、やがてここに生まれてこられます。私たちはこの天界で難陀様が生まれてくるのを心待ちにしているのでございます」

天界からもどった難陀は一生懸命修道に励んだ。しかし彼は、輪廻から解脱《げだつ》して阿羅漢《あらかん》になるための行をしているのではなく、美しい天女のいる天界に生まれようと努力しているにすぎなかった。

それからしばらくして、釈尊はふたたび神通力によって難陀を地獄へ連れていかれた。針の山や血の池地獄など、さまざまな苦しみを受けている地獄の人たちの様子を見て、難陀はたいへん怖くなった。

ふと見ると、ひとりの地獄の刑執行人が大きな釜《かま》に湯を沸かしている。しかしその釜には誰も入っていなかった。不審に思った難陀はその刑執行人に、なぜこの中には人が入っていないのか尋ねる。すると刑執行人は次のように答えたという。

「今、閻浮提に難陀という人がいます。この人は釈尊の弟子になられて高い徳《とく》を積まれ天界に生まれますが、そこで天女と戯れ、徳を全部使い果たして地獄に堕《お》ちてきます。そのとき、彼を釜ゆでにしなくてはならないので、今その用意をしているのです」

それを聞いた難陀は地上にもどり、今度こそ真剣に修道を行い、高い境涯に達したとのことである。

◉中有の者が生を享けるときの様子について

最初に述べた六つの条件を満たした中有の者は、父母が性交している場面を見るとまるで映画でも見ているような感じでそれを受けとめ、性欲が起こってくる。そして、男に生まれる場合は母親に欲望を感じ、父親に怒りを感じる。逆に、女に生まれる場合は父親に欲望を感じ、母親に怒りの感情を抱くのである。次にその欲望を感じた相手に対し、自分も性交したいという気持ちが起こり、性交しようとしはじめた瞬間、業の力によって父母の身体のほかの部分は消えてしまい、二人の性器のみしか見えなくなってしまう。

中有の者はそのことによって腹を立て、強い欲望と怒りの二つの気持ちで心が張り裂けそうになり、その身体は死に、母親の子宮に入るのである。

ゲルク派ではこの説を承認しているが、このほかに、父母の性交している場面を中有の者が実際見るという説と、精液と血液しか見えないとする説など、ある程度のヴァリエーションがあるようだ。

父母が性交して、二根《にこん》（男根と女根）が摩擦したことで起こる風《ルン》の力により、風《ルン》が上に昇って秘密処《ひみつしょ》の〝チャンダーリー（トゥモともいう）の火〟を点火する。〝チャンダーリーの火〟とは、熱を生じることや、界《かい》を溶かす等の役割を果たす点から〝火〟という名前を付けただけであって、湿潤な性質をもつ水そのもので、本物の火なのではない。熱をもつ性質のため、この観想に熟達すれば、零下のなかでも暖房の設備なしに過ごすことができるとされる。

それにより白い精液と赤い血液が発生し、七万二千の脈管《みゃっかん》より降りてきて心身は楽《らく》で満たされるのである。

父母が強い欲望を感じれば、そのすぐあとに、精液と血液のドロッとした状態のものが放出され、その後に父母の双方からそれぞれ、精液と血液の汚れていないきれいなものが一滴ずつ放出される。それらが母親の子宮で混じり合い、ちょうど牛乳を煮たときに生じる薄い膜のようになったとき、その中央に中有の者の死んだ意識が入り込むのである。またそのときの様子は次のようである。

父親か母親の体内に入った中有の者に七万二千の脈管の中から精液が降りてくるのと同時に、中有の場合の分別を動かす風《ルン》が染み込んで、〝真っ白に現れる心〟〝真っ赤に輝く心〟〝真っ黒に近づく心〟の三つが順に現れ、中有の〝死の光明〟を現す。その際は、《死に至る過程》で説明したときよりずっとすみやかに瞬間的に、これらの兆《きざ》しが心に現れるとされている。

次に、光明が消えて精液と経血の混合した滴粒《ティグレ》の中央に非常に微細な意識が入り、生を享《う》けると同時に光明を経て、心の中には逆行の「近得《きんとく》」（〝真っ黒に近づいたもの〟）が現れるのである。「近得」の心の第一刹那《せつな》（最初のほんの一瞬）を「生有《しょうう》」という。これは中有の章の姿の特徴の項目（１１６ページ）ですでに述べたとおりである。

次に「近得」の第二刹那以後、順に「増輝《ぞうき》」（〝真っ赤な輝き〟）、「顕明《けんみょう》」（〝真っ白な現れ〟）が現れ、「顕明」より〝八十自性《じしょう》の分別《ふんべつ》〟というように、それぞれ風《ルン》とそれにともなう意識が順に生じていく。

そして「顕明」の乗る風《ルン》より意識のよりどころとなる特別な能力をもった風界《ふうかい》が生じる。

さらに、風界より意識のよりどころとなる特別な能力をもった火界《かかい》、火界より意識のよりどころとなる特別な能力をもった水界《すいかい》、水界より意識のよりどころとなる特別な能力をもった地《ち》界《かい》が順に生じていく。

ここで「意識のよりどころとなる特別な能力をもった」ということの意味を説明しておこう。

仏教では人間の身体を、四界《しかい》（地・水・火・風）の四つの要素が混じり合ってできたものと考えている。人間には意識があり、そのよりどころとなるのは肉体だから、人間（生物）の身体を構成する四界は、ほかの自然現象の四界と違い、「意識のよりどころとなる特別な能力をもつもの」といえるわけである。

◉中有の者がどこから母親の子宮に入るかということについて

『秘密集会成就法安立次第《ひみつしゅうえじょうじゅほうあんりゅうしだい》』には、中有の者は毘盧遮那《びるしゃな》の門である頭頂より入るとされている。頭頂を毘盧遮那の門としているのは、『秘密集会タントラ』の生起次第《しょうきしだい》において、毘盧遮那如来を頭頂に布置して観想することがあるからだ。

また『秘密集会』以外のタントラでは、父の口から入るとされているようである。つまり中有の者は、最初に父の口あるいは頭頂から入って父の秘密処を出て、母の性器に入ってから、さらに子宮の中に入り、中有の死を迎え、汚れていない精液と血液の滴粒《ティグレ》の中央に受胎するのである。

私（平岡）がインドで無上瑜伽《むじょうゆが》タントラの灌頂《かんじょう》を受けた際、「男尊の口から入って金剛から出て、女尊の蓮華《れんげ》を通って子宮に入り、そこで新たに仏として再生する」という観想の項目があったが、それはこの思想から来ているようである。

これ以外の説としては、母の性器に直接入るとする説もあり、中有の者が子宮に入る際は、父の頭頂と口、そして母の性器の三種類のパターンがあると考えられている。
ちなみに、このような入胎の仕方は「胎生《たいしょう》」である人間に生まれる中有の場合であって、他の有情の場合は、中有は入口など必要なくどこからでも入れるとしている。

◉子宮内において身体が徐々に成長していく様子について

子宮内での身体は、最初の四週間に次のような順で成長していく。

メルメルポ（最初の段階）――入胎してすぐの状態。外側は牛乳を煮たときにできる浮膜《ふまく》のようなもので覆われていて、内側は淡い液体の状態。このメルメルポから粗い蘊《うん》（通常の身体）が四界によってできあがっていく。またこの時点で、四界風《しかいふう》の働きも始まるのである。四界風とは、地風《ちふう》（ものをつかむ作用）、水風《すいふう》（ものを集める作用）、火風《かふう》（腐らず成熟させる作用）、風風《ふうふう》（大きく成長させていく作用）のこと。

タルタルポ（二番目の段階）――入胎して一週間目の状態。外側、内側ともにヨーグルトのようにドロドロしていてまだ肉とはなっていない。

ゴルゴルポ（三番目の段階）――入胎して二週間目の状態。肉となるまでにはまだまだで、押さえる力に耐えられる状態ではない。

タンギュル（四番目の段階）――入胎して四週目の状態。この段階で、身体に五つの突起が出現する。

また、この四週間の間に、最初に父から得た精液と母から得た血液がそれぞれ別の異なった作用を始める。父より得た三つの要素である精液・筋肉・骨と、母より得た三つの要素である血液・皮膚・肉とが別々に体内に生じるようになるのである。

また、父母の精液と血液が混合した滴粒に非常に微細な意識が入るが、その位置が後に胸になる。そこには非常に微細な風《ルン》と意識の二つと父母の精液、血液の二つが混合したものが集まっている芥子粒《けしつぶ》くらいの大きさの球がある。

さらに、それを包む形で中央脈管ができ、左右の二つの脈管もでき、左右から三回ずつ中央管にからみつき、とても頑丈にその小さな粒を縛《しば》りつけていくのである。そして風《ルン》が上下に動くようになると、中央脈管と左右管も上下に伸びていくのである。

それらの形は、まず頭と尾が細く中央が太い、魚のような形になる。それから順に五つの突起が生じ、それが手、足、頭となり、髪や爪、毛根が生え、有色根《うしきこん》（眼《げん》・耳《に》・鼻《び》・舌《ぜつ》・身《しん》の五つの感覚器官）など、さまざまな機能を備えるようになっていくのである。

◉胎内における姿勢と胎外へ出る場合の様子について

胎内での様子は次のようである。

男子であれば母親の子宮内の右側で背骨のほうを向いてうずくまった姿勢、女子であれば母親の子宮内の左側に男子とは反対に前方を向いてうずくまった姿勢でいる。

子宮にとどまる期間は約二百七十日と経典には書いてある。

三十五週目で蘊《うん》・界《かい》・根《こん》（処《しょ》）などすべての人体の機能が整い、三十六週目には子宮にいることを喜ばなくなり、外へ出たいと思うようになる。

三十七週目に入ると、子宮内は臭く不浄な場所であるという思いが生じる。

最後の三十八週目に前世の業から生じた「支分《しぶん》」と呼ばれる風《ルン》が起こって、子宮内の子供はお尻と頭の位置をグルリと入れかえ、手足を縮めて母親の子宮から胎門《たいもん》のほうを向く。

次の段階では、前世の業から生じた「顔が下を見る」と呼ばれる風《ルン》が起こり、頭を下、足を上に向けた子宮内の子供は胎道《たいどう》を出て、皆の前に姿を現すことになる。

そして児童、青年、成年、熟年、老年の「生育の五つの過程」を順に経ていくのだ。ちなみに児童とは五歳、青年とは十五歳、成年とは二十歳、熟年とは三十歳、老年とはそれ以上をいう。

◉脈管とチャクラについて

ここで脈管とチャクラの関係について述べる。

こうした身体論には、古くはインドの諸下《げ》タントラに伝承されるもの、あるいは、中国の道教に伝わるものや、時代や地域の別によってもまさまざまで、多くのヴァリエーションが存在しているが、ここにあげてある分類は、チベット密教の無上瑜伽タントラ、特にゲルク派の解釈を紹介するもので、チベット密教における代表的なもののひとつである。

◎脈管のでき方

最初に胸の左右管、中央管の三つの脈管と東（前方）のスンコルマ、南（右）のドトマと呼ばれる二つの脈管の五脈管ができる。

その後、中央脈管とともにあるドゥーデルマという脈管と西（後方）のキムマ、北（左）のトゥモと呼ばれる脈管の三脈管が同時にできる。

そして四方の脈管が二つずつに分離して四隅《しぐう》の脈管弁になる。それから、それら四隅の脈管弁がそれぞれ三つずつに分離して二十四脈管となり、二十四脈管がさらに三つずつに分離して七十二脈管となり、それがさらに各々《おのおの》千ずつに分離して、最終的に七万二千管となるのである。

◎チャクラ（脈輪）

チャクラは、神経叢《しんけいそう》（神経の集中したもの）とも呼ばれ、縦に存在する脈管に対して、横に広がる脈管のことをいう。中央脈管を樹木の幹とするなら、チャクラは枝のようなものということができる。チャクラはそれぞれが、中央脈管に左右管がからみついた位置にある。そのあり方は、中央脈管に巻きついた左右管の隙間から脈輪《みゃくりん》状に出ているのではなく、中央脈管に巻きついた左右管を突き破る形で存在しているのだ。

頭頂のチャクラ――脳の上で、脳髄の外表皮の下に中央脈管より、四方に横に広がる脈管（脈弁《みゃくべん》と呼ぶ）がある。これがさらにそれぞれ二つずつに分かれ八つに、さらに二つずつに分かれ十六に、さらにそれが二つずつに分かれて三十二の脈弁となっているのである。図はチャクラを上から見たものである。このチャクラは下向きに存在していて、ちょうど傘で器の口を覆ったような形をしている。このチャクラを「大楽輪《たいらくりん》」（デチェンキコルロ）と呼ぶ。この名称の由来は、快楽のよりどころである白い精液がここにあることから来ている。これについてはあとでもう一度詳しく説明する。ちなみに白い精液のことを無上瑜伽タントラでは「月下美人の菩提心《ぼだいしん》」と呼ぶ。

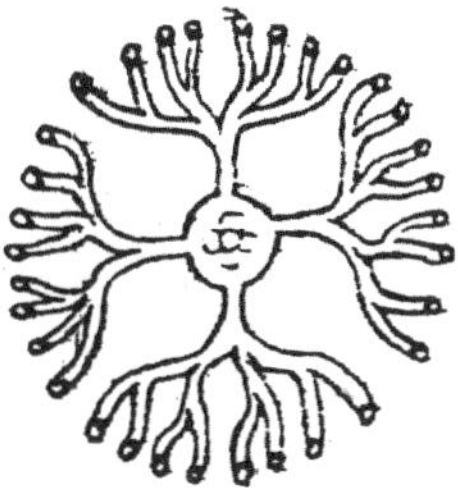

●頭頂のチャクラ

喉のチャクラ――喉ぼとけのところにある中央脈管から突き出している脈弁で、頭頂のチャクラのような形で分かれ、図のように十六弁となっている。このチャクラは上向きで、ちょうど傘を逆さにしたような形になっている。このチャクラを「受用輪《じゅゆうりん》」（ロンチゥキコルロ）と呼ぶが、それは甘い、酸っぱい、辛い、淡い、苦い、塩辛いの六種の味を味わう場所が喉であることによるものである。

胸のチャクラ――みぞおちの奥の中央脈管から突き出している脈弁で、東のスンコルマ、南のドトマ、西のキムマ、北のトゥモの四脈弁がそれぞれ二つずつ分かれて八つの脈弁になっている。このチャクラは下向きで、傘が器の口を覆ったような形をしている。このチャクラを「法輪《ほうりん》」（チォコル）と呼ぶ。その理由は法の根本、すべてのものを生み出す根本である非常に微細な風《ルン》と意識のよりどころである〝不滅の滴《ミシッペーティグレ》〟が胸にあるためである。

臍《へそ》のチャクラ――臍の穴の位置の中央脈管から同じような形で図のように六十四弁となっている。このチャクラは上向きで傘を逆さにしたような形になっている。十六の脈管が分かれて三十二となり、それがさらに分かれて六十四となると観想するのはとても複雑なの

● 喉のチャクラ

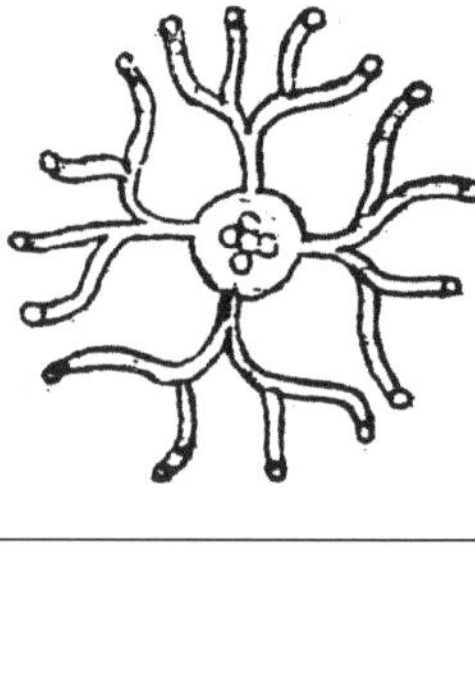

● 胸のチャクラ

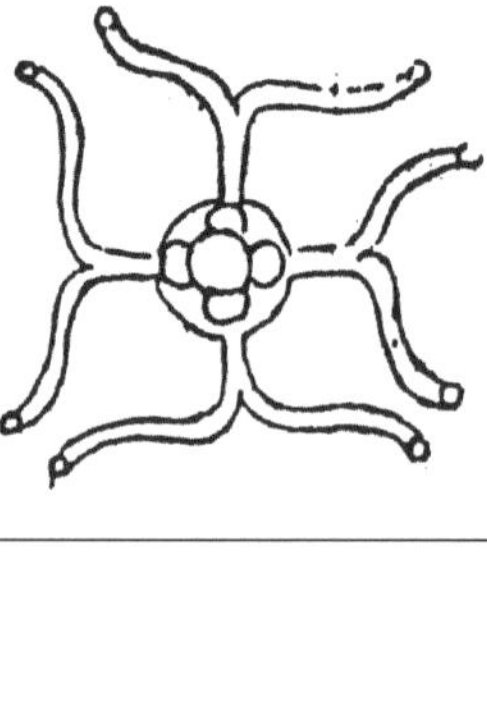

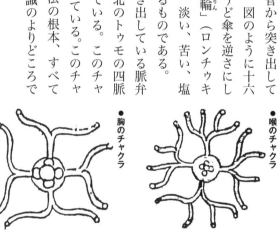

で、十六に分かれた段階でそれぞれが四つずつに分かれ、六十四と観想するほうが少しやりやすいと注釈には出ている。このチャクラは先がからみあったりしているようである。このチャクラを「変化《へんげ》輪《りん》」（トゥルコル）と呼ぶ。その理由は大楽《たいらく》（大いなる心の喜び）を変化させたり呼び起こしたりする作用を、臍の奥のチャクラに集中する瞑想によって司《つかさど》っているからである。ちなみにこの瞑想法を修道論にまで高めたものが「ナーローの六法」における〝チャンダーリーの火〟の瞑想である。

秘密処のチャクラ――太股のつけ根の中央脈管にあり、頭頂のチャクラと同じく三十二の脈弁からなっている。形も同じで、傘が器の口をふさぐような形で存在している。このチャクラを「守楽輪《しゅらくりん》」（デキォンキコルロ）と呼ぶ。この名称に関する説明は少し難解になってしまうので、ここでは省略する。

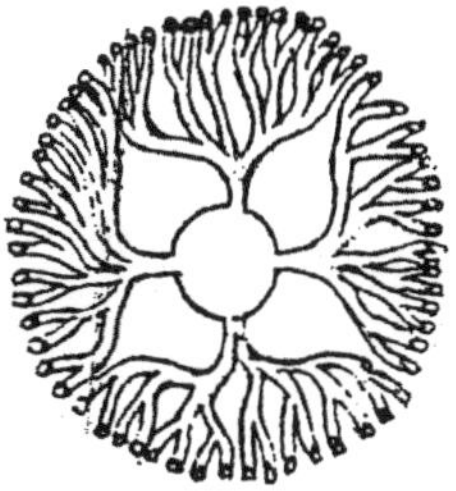
●臍のチャクラ

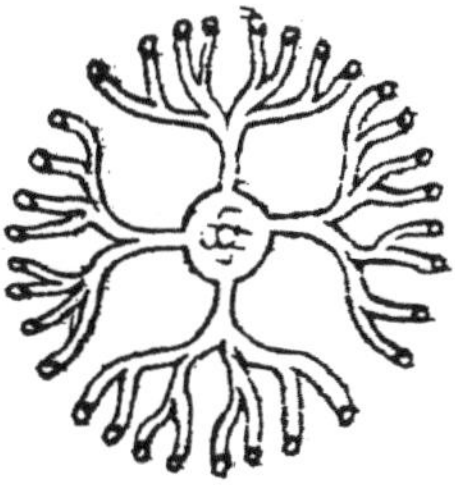
●秘密処のチャクラ

◉風（ルン）のでき方について

次に風《ルン》のでき方を見ていくことにしよう。

子宮に入って一か月目の風《ルン》——微細の持命風《じみょうふう》から粗い持命風が生じる。微細の持命風とは〝不滅の滴〟の中にある非常に微細な風《ルン》のことで、粗い持命風は胸のチャクラを主な所在として、命を保ったり、ほかの風《ルン》をそれぞれの持ち場まで導く働きをする風《ルン》のことである。この段階では、人の身体は魚のような姿をしている。

子宮に入って二か月目の風《ルン》——粗い持命風から下行風《かこうふう》が生じる。下行風とは精液、血液、大小便などを出したり保持したりする働きをする風《ルン》で、主な所在は秘密処である。この段階で人は五つの突起ができて亀のような形になる。

子宮に入って三か月目の風《ルン》——下行風より等住風《とうじゅうふう》が生じる。等住風の所在は臍が中心で、風を上に引き上げて食物を食べるなどの働きをする風《ルン》のことである。このとき人はわずかに上体を前屈みにして野豚のような姿をしている。

子宮に入って四か月目の風《ルン》——等住風から上行風《じょうこうふう》が生じる。上行風とは食物を栄養と排出物に分けて、栄養だけを身体に吸収する働きをする風《ルン》で、所在は喉にある。この段階で人は上体が少し広がって獅子のような姿になる。

子宮に入って五か月目の風《ルン》——上行風より遍満風《へんまんふう》が生じる。遍満風とは身体を揺り動かすなどの動作をする風で、所在は関節にある。この段階で人は子供の姿になる。

子宮に入って六か月目の風《ルン》——眼識《げんしき》とともにある風《ルン》である動風《どうふう》と地界《ちかい》が同時に生じる。

子宮に入って七か月目の風《ルン》――耳識《にしき》とともにある風《ルン》である甚動風《じんどうふう》と水界《すいかい》が同時に生じる。
子宮に入って八か月目の風《ルン》――鼻識《びしき》とともにある風《ルン》である正動風《しょうどうふう》と火界《かかい》が同時に生じる。
子宮に入って九か月目の風《ルン》――舌識《ぜっしき》とともにある風《ルン》である妙動風《みょうどうふう》と風界《ふうかい》が同時に生じる。
子宮に入って十か月目の風《ルン》――身識《しんしき》とともにある風《ルン》である決動風《けつどうふう》と虚空界《こくうかい》が同時に生じる。

以上のように、これらができあがっていく六か月目から十か月目までの間に、同時に地界、水界、火界、風界、虚空界が生じていくのである。これらは、はじめに身体全体を構成するために生じた四界とは異なり、五根《ごこん》（眼根《げんこん》・耳根《にこん》・鼻根《びこん》・舌根《ぜっこん》・身根《しんこん》）を構成するために生じたものである。この段階で肉体の動きを司る風《ルン》である十風《じっぷう》はすべてそろったことになる。

しかし、息は鼻の穴から出入りすることはない。母親の胎内から外へ出た瞬間、鼻で呼吸を始めるのである。

死の章の風《ルン》の用語解説のところでも述べたが、無上瑜伽タントラの修道の進行しだいでは、これらの風《ルン》を自らの意思によって動かすことが可能になるとされている。顕教《けんぎょう》では眼識と眼根とは切り離すことができないとするが、密教の無上瑜伽タントラでは、風《ルン》を意思の力によって移動させることが可能となれば、必ずしも眼識は眼根にしばられないとするのである。

かつて眼を閉じたまま指で触れることで経典を読めるラマがいたそうだが、彼の場合は、眼識とともにある動風を眼根から指先に移動させることでこれが可能になったのだとロサン・ガンワン師は説明された。

◉滴粒のでき方と精液・血液について

父母から最後に放出された汚れていない清浄な一滴の精液と血液、それに非常に微細な風《ルン》と非常に微細な意識を集めた芥子粒くらいの大きさのものが、中央脈管の胸の位置にあるわずかな空洞のところに存在している。これを〝不滅の滴《ミシッペー・ティグレ》〟と呼ぶことは、すでに何度か説明したとおりである。

次にこの精液の一部分が頭頂のチャクラの中に昇っていく。そしてこの精液はཧཾ（ハム）という字が逆さになった格好でそこにとどまる。この頭頂の精液が身体の各部分にある精液を直接あるいは間接的に滋養《じよう》するとされている。

また、胸にある血液の一部は分かれ、臍のチャクラの中に入る。この血液はチベット語のཨ（ア）という字の右側の┃部のような形をしている。これをチャンダーリー（またはトゥモ）という。これによって身体のほかの部分にある血液（この場合は女性の経血）を直接、間接的に滋養するのである。

ここで理解しておかなければならないことは、無上瑜伽では精液、血液（女性の精液としての血液）は男女を問わず両方にあるとしていることである。ただ男性の場合は精液の割合がは

【脈管の図】

ギュメ寺の僧侶が描いた観想用の三脈管の図。太い中央脈管に左右の管がからみつき、５つのチャクラの部分で結び目をつくっている。●はチベット語の訳。

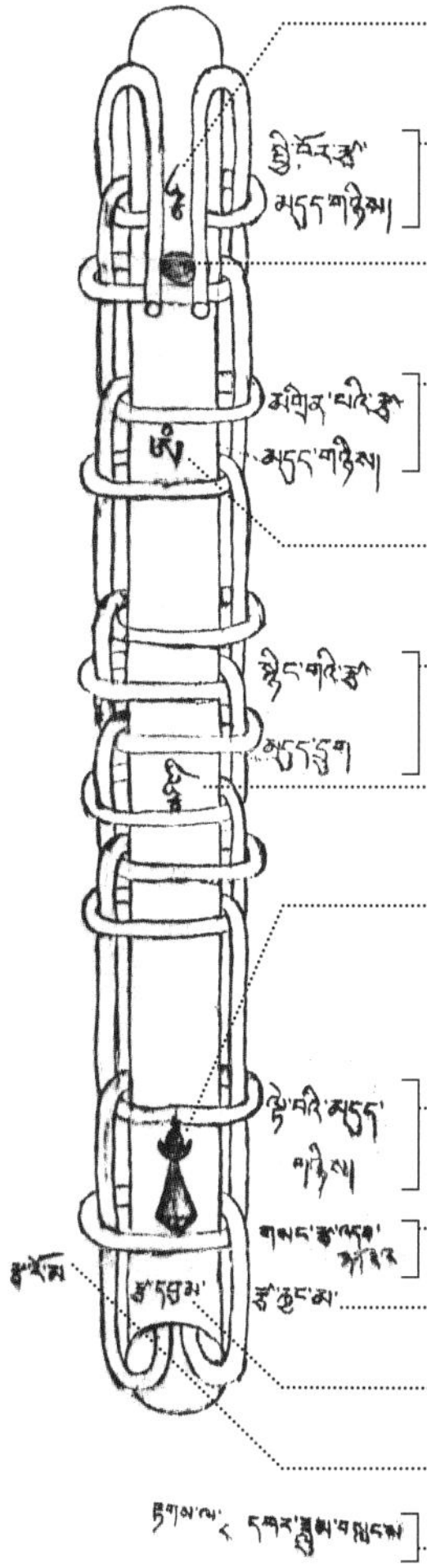
○逆さのハム字
（頭頂の父より受けた精液を表す）
●頭頂の脈管
２つの結び目
○中央脈管の上端（眉間）
●喉の脈管
２つの結び目
○アム字
●胸の脈管
６つの結び目
○逆さのフーン字
（中央脈管の中の不滅の滴を示す）
○ア字の右側の部分
（チャンダーリーの火、臍にある母より受けた経血を示す）
●臍の脈管
２つの結び目
●秘密処の脈管
●右管
●中央脈管
●左管
●印の中に［左右管を］突っ込んで［風《ルン》を］集める
（中央脈管の下部の穴に左右管が入り込んでいくように観想する）

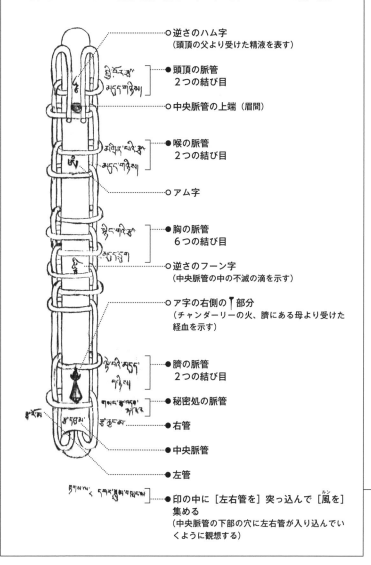

るかに高く、女性の場合は血液の割合がはるかに高いのだとされているのである。加えて、男性が菩提心《ぼだいしん》（精液）を放出する場合に、その中に血液もわずかに混じっていると考えている。

それぞれのチャクラには精液と血液があるが、頭頂のチャクラは白い精液を滋養する場合の中心で、臍のチャクラは赤い精液（血液）を滋養する場合の中心である。また、胸のチャクラは精液・血液を同分に滋養する場所とされている。

それらの精液・赤い精液（血液）は必要時に生ずるものであって、器にいつも水が注がれてあるような状態で存在しているものではないといわれている。

このように精液・血液について詳しい説明があるのは、無上瑜伽タントラには性的欲望のもつエネルギーを悟りを得るためのエネルギーに変換していこうとする意図があるからである。したがって、身体に精力があって元気な状態を無上瑜伽タントラでは大切にする。戒律でも、身体を痛めつけて弱らせるような行を行うことを強く戒《いまし》めているのである。


本文直訳ではこのあと、死・中有・生と法身・報身・応身との関係や〝幻身〟についての説明があるが、それらは死の章、中有の章で解説したことと重複しているので、ここでは割愛し、これで生の章の説明を終わる。

解説

平岡宏一

これまで日本では数冊の『死者の書（パルド・トドゥル）』が出版されているが、どれも典拠としているのはアメリカの人類学者エヴァンス・ヴェンツが些細《ささい》な偶然から発見したとするニンマ派伝承のテルマ（埋蔵経典）のひとつである。

ユングが『死者の書《パルド・トドゥル》』に注目したことなどにより、この書がチベット密教を代表する書として日本でも紹介されているのは周知のとおりである。しかし、実際はチベット人の社会において『死者の書《パルド・トドゥル》』は意外に知られていない。たいていの場合、チベット人にとって『死者の書』といえば、このゲルク派版の『死者の書《クスムナムシャ》』を指すのである。

現在この書を学ぶチベット人は、僧侶・一般人を問わずたいへん多い。ダライ・ラマ法王の実兄であるインディアナ大学名誉教授の故トゥプテン・ジグメ・ノルブー氏は、自分の座右《ざゆう》の書としてこの書をあげておられた。ゲルク派では、死ぬ前にはこの書を学び、死んだあとは枕経《まくらぎょう》として『秘密集会《ひみつしゅうえ》タントラ』の根本タントラを用いるのが一つのパターンとなっているようである。

ゲルク派は、理論的に仏教を説明しようとすることを最大の特徴としている。そのためこの派では、問答（タセル）がたいへん発達した。ギュメ寺でも、ダライ・ラマ法王のインド亡命後、法王の肝《きも》いりで行のみであった体系に問答の修行が追加され、密教の成仏体系をいかに理論的に説明できるかが高位の僧になるための条件の一つとなっている。だからこそゲルク派の典籍は、経典や高僧の注釈書を用いながら仏教理論をよりよく説明することを最大の眼目《がんもく》とするのである。

こうした背景があるため、論者の責任の所在があまり明確とはいえないテルマ（埋蔵経典）は、ゲルク派ではまったく発達しなかった。

同じ『死者の書』でありながら、本書ゲルク派版『死者の書《クスムナムシャ》』――正式名称『基本の三身《さんじん》の構造をよく明らかにする灯明《とうみょう》』は、その成立の理念も内容も、明らかにこれまで紹介されてきたニンマ派版『死者の書《バルド・トドゥル》』とは一線を画するものなのである。

本書はヤンチェン・ガロにより書かれたものだが、他にパンチェン・ロサン・チョゲンが著したものなど。同様の内容のものが多数存在する。しかし、ゲルク派全体で現在も広く流布しているのは、ヤンチェン・ガロの本書である。

◎死の瞑想について

無上瑜伽《むじょうゆが》タントラは、われわれが誰しも迎えなくてはいけない「死」「中有」「生」の輪廻《りんね》の過程をそのまま応用して悟りを得ようとする教えである。つまり、「死」をそのまま法身《ほっしん》を獲得する過程に、「中有」を受用身《じゅゆうじん》（報身《ほうじん》）を獲得する過程に、新たな「生」を変化身《へんげしん》（応身《おうじん》）を獲得する過程に変えていこうとするわけである。

この点が、ほかのレベルのタントラ（所作《しょさ》タントラ、行《ぎょう》タントラ、瑜伽タントラ）では説かれていないところなのである。

ダライ・ラマ法王が二〇一一年十一月に高野山大学の招きで、金剛界マンダラ灌頂《かんじょう》のため高野山に滞在された際、昼食で寄られた普賢院《ふげんいん》で、「金剛界の灌頂は五相成身観《ごそうじょうしんかん》など成仏の過程を詳しく観想することが必要だが、死・中有・生を法身・受用身・変化身に転換する観想はない」と述べておられた。

ゲルク派では、どの教えの道を用いようとも、最終的にはこの無上瑜伽タントラの道を利用せずにブッダの境涯《きょうがい》を得ることは不可能とされている。これについて、ヤンチェン・ガロは次のように述べている。

「波羅蜜乗《はらみつじょう》や［無上瑜伽以外の］下《げ》の三タントラ（所作、行、瑜伽タントラ）の道によって［菩薩の］第十地《だいじゅうじ》（空性《くうしょう》を直観的に理解した菩薩が仏の位に至るまでの十の段階において、第十地は最後の段階）にまで至ることはできるけれども、最終的に十地の最後の生を迎えたときには、無上［瑜伽］タントラの付加部分を加えてから成仏しなくてはならない。なぜなら無上［瑜伽］タントラの付加部分を加えずに、それらの道（下タントラ）だけでは成仏できないからである」（『吉祥秘密集会聖者流《しょうじゃりゅう》と随順する密教の地・道の構造の妙徳なる善説の桟橋《さんばし》』）

要するにゲルク派では、無上瑜伽タントラの教えは究極の教えとされているのである。

この教えを学ぶためには、まずその根本である「死」をしっかり学ばなくてはいけない。そのために書かれたのが本書である。

したがってこの書では、死に至る過程をとても大切にしている。内容的に見ても、ニンマ派版『死者の書《バルド・トドウル》』ではほとんど触れられていない死に至る過程の説明が全体の三分の一以上を占めている。これはゲルク派の修道論が、死に際して意識が微細《みさい》になっていく過程を最重要視していることを意味している。

ヤンチェン・ガロ自身、生の章の最後のほうで次のように述べている。

「究竟次第《くきょうしだい》のその諸々の道により生、死、中有の三つを直接浄化する方法は、次のようなものである。究竟次第の修道者が、自分自身の非常に微細な風《ルン》と心がその流れをずっと継続していき、普通の〝死の光明〟になってしまう階梯を、瞑想の力によって破って、それ（普通の死）と行相がそっくりそのまま相応する修道法で、修道時に〝譬《たと》えと勝義《しょうぎ》の光明〟と〝果《か》の光明〟すなわち法身に転ずることが、死を清める方法である」

つまり、通常の死に至る過程を、瞑想の力でそのまま利用して、最終的に法身に転ずることが死を清める方法であるとする。

「普通の〝死の光明〟の乗り物となってから中有の身を起こすことを、瞑想の力により破って、中有と行相がそっくりそのまま相応する修道法で〝不浄の幻身《げんしん》〟と有学・無学の〝清浄な幻身〟に転ずることが、中有を清浄にする方法である」

〝死の光明〟を瞑想の力で〝譬えの光明〟に転換できたら、中有ではなく幻身になる。そして幻身を獲得した成就者《じょうじゅしゃ》は、業《ごう》と煩悩《ぼんのう》による再生ではなく、衆生救済《しゅじょう》のために、衆生の眼に見える肉体をもつ姿をとることができる。それが生の浄化法だとしている。

「生、死、中有の三者を実際に破壊する根本は、〝幻身〟の直接の原因となった究極の定寂心《じょうじゃくしん》である〝譬えの光明〟のみである。なぜなら、それが死を直接に消滅させた力によって、中有と生を自然に消滅させることができるからである」

つまり、幻身を成立させる基盤である〝譬えの光明〟を〝母子の光明の混合〟によって達成できれば、死を消滅させることができるので、それに続く中有も再生も自然と消滅するというわけである。

意識が微細になっていくと最終的に、来世へと継続していく意識である、胸のチャクラの奥にある非常に微細な意識が覚醒する。

このきわめて微細な根源的な意識を自覚できるか否かは別として、誰にでも訪れるこの〝死の光明〟の体験は、ブッダの悟りの境涯である「空性」を直観的に理解する体験と非常に類似している。しかし類似してはいても、本質的にはまったく異なる体験であるということはよく認識しておいてほしい。

「四空《しくう》の場合、前者の意識から後者の意識へとだんだん微細になっていったことにより、意識の上では最初のヴィジョンである世俗の粗《あら》い顕現《けんげん》が顛倒《てんどう》して晴朗な心の光景が現れたのであって、『空性』を認識対象となすのではない。(中略)この場合の四空は有情が死ぬときに全員に現れるものだから、死ぬときに空性を理解するならば、誰でも努力する(修道する)ことなく

解脱《げだつ》することになってしまうからである」（本書30ページ）

このように、〝死の光明〟の体験を空性理解と重ね合わせることにより、空性を理解する体験へと転換させること、すなわち〝母子の光明の混合〟が、無上瑜伽タントラの第一の要点であり、そのための基礎となる知識を提供しているのが本書なのである。

さて、死に至る過程ではさまざまなヴィジョンが心に現れるが、この典拠についてツォンカパは、ジュニャーナパーダの『二次第真性修習《にしだいしんしょうしゅしゅう》と名付ける口伝《くでん》』より説かれたものであると述べている。

ジュニャーナパーダは『秘密集会タントラ』の二大流派の一つ、ジュニャーナパーダ流（もうひとつは、龍樹《りゅうじゅ》の創始した聖者流）の創始者である。彼はインド人にしては珍しく活躍した時期がはっきりしており、ほぼ七〇〇年代の後半期と推定されているので、インドで密教が成立したかなり早い時期から、この心のヴィジョンについての、少なくとも萌芽《ほうが》とみられるものはあったと思われる。

ところが、ツォンカパより一世代前の大学者であり、ツォンカパにとって『秘密集会タントラ』の灌頂と伝承の間接的なラマにあたるプトンの説は、ツォンカパの説とは異なっている。

たとえばプトンは、「顕明《けんみょう》」が心に現れた段階で貪欲《とんよく》（貪るような強い欲望の執着《しゅうじゃく》）を離れるなどの三十三の自性《じしょう》が壊され、「増輝《ぞうき》」の段階で貪欲などの四十の自性が、「近得《きんとく》」の段階で残りの七自性の分別が、それぞれ壊されるとしている。また、粗い二十の要素と心のヴィジョンの関係も不明確である。

こうした点を考えあわせると、さまざまなヴィジョンをともないながら二十五の要素が順に染み込んでいくという現在の形をはっきりさせたのは、やはりツォンカパであったと推定されるのである。


かつてギュメ寺の本体がラサにあったころ、チメリンという場所に三十二の瞑想室があったと伝えられている。これは『秘密集会タントラ』聖者流三十二尊になぞらえたもので、ギュメ寺の僧たちはそこで三か月から三年の瞑想をしていたといわれている。

そのとき、多くの僧が、瞑想しながら亡くなっていったという。その理由は、たとえどんなに体調が悪くなろうとも行を途中で中断したりしなかったためである。

死期を悟った僧は、悠然と「死の瞑想」の用意をしたといわれ、周囲の僧もそのような事情で亡くなっていった僧に対して敬意を払い、二度とその部屋を使うことはなかったそうだ。

この伝統は今日も受け継がれている。トゥクタム（入定《にゅうじょう》）へとつながるこの「死」の教えは、現在においても生きた形で活用されているのである。

もっともわれわれは、ついついトゥクタムの長さ、日数に注目してしまいがちだが、ロサン・デレ師によれば、トゥクタムの期間が長かろうが短かろうが行者の境地とは関係ないという。要は、死の際に〝母子の光明の混合〟にもっていけることが大切ということなのだろう。

〝死の光明〟を〝母子の光明の混合〟によって〝道《みち》の光明（譬えの光明）〟に変えることができた者は、次に、中有の身体を〝幻身〟に変えることができるようになる。

◎中有の瞑想について

この幻身獲得が、ツォンカパの無上瑜伽タントラの中枢部分である。

〝幻身〟成就の方法については本論で詳しく述べたとおりだが、それはあくまでも菩提心《ぼだいしん》、つまり、一切衆生を輪廻の苦界《くかい》から解き放ち仏の境涯に導くために、自分がまず仏位を目指すのだという心が前提である。

チベットの仏教では、仏果《ぶっか》（悟り）を目指すことは、衆生を輪廻から救済するという最終目的のための手段に過ぎないと考えている。

この考え方にもとづいて、ツォンカパは次のように述べる。

「衆生の前に実際に現れて、衆生利益《りやく》を成就するものは［法身と色身《しきしん》（受用身と変化身）の］二つのうちの色身（物質としての肉体を持った仏、ダライ・ラマ法王のような存在を指す）であって、法身ではない。ゆえに求めるべき中心は色身である」（『五次第を明らかにする灯明』）

この色身を獲得する具体的な方法について、『現観荘厳論《げんかんしょうごんろん》』では、師匠を送迎したり、戒律を守ったりすることで善業《ぜんごう》を積むことが必要であるとしているが、その程度で、それ以外のより具体的な色身獲得の修道論については一切説かれていない。

ちなみに、法身の獲得のためには空性を直観的に理解する智慧《ちえ》が必要とされるが、ツォンカパは「無我の観点を確定する理解の有り様は、密教と中観《ちゅうがん》の典籍に説かれているものとでは何の違いもない」と、中観で説かれる空と密教で必要とされる空はまったく同じものだとしている。そして、その空性理解の智慧については『根本中頌《こんぽんちゅうじゅ》』や『入中論《にゅうちゅうろん》』などにとても詳しい記述があるのに比べ、色身獲得の方法はあまりにも具体性を欠いているといわざるをえないのである。

こうした顕教《けんぎょう》の修道論と比べて、この色身獲得の究極の方法を開示するものが、ツォンカパの説く〝幻身〟である。

ツォンカパの密教の師匠はキュンポレーパであり、プトンはその師匠にあたる。プトンは「三界《さんがい》すべてが幻のごとき身、すなわち大持金剛《だいじこんごう》の自性であると知ることが幻身である」としており、ツォンカパ登場まではこの解釈が主流であった。

だが、ツォンカパの幻身説には他派も納得せざるをえなかったようで、それまで多く見られたプトンのような主張は消え去るものとなった。

ツォンカパはこの幻身獲得の方法を詳説する『秘密集会《グヒヤサマージャ》タントラ』を「一切タントラの王」として密教経典の最高位に位置づけた。

以前からダライ・ラマ法王が世界中で時輪《じりん》（カーラチャクラ）灌頂をしておられるので、一般には、ゲルク派で最も大切な教えは『時輪タントラ』と思われがちである。しかしダライ・ラマ法王自身は、自分は『時輪タントラ』の伝承の責任を負っているからカーラチャクラ灌頂を行うが、自分の行の中心は『秘密集会タントラ』である旨を何度も説法会で述べておられる。

実際、私は一九九九年に縁あってアメリカのインディアナ州ブルーミントンで行われたカーラチャクラ灌頂の日本語通訳を務めたが、その際にダライ・ラマ法王は、「『時輪タントラ』の伝承者のなかにツォンカパの名前はない。しかし、ツォンカパが示した解釈が『時輪タントラ』の解釈に大いに貢献した」と述べられた。

これは裏を返せば、『時輪タントラ』はツォンカパの高弟のケートゥプ・ジェ以後、ゲルク派で重視されるようになった経典であって、ツォンカパ自身は成仏体系のなかでそれほど重視してはいなかったことを意味している。むしろ、ツォンカパの『秘密集会タントラ』の解釈を応用して、後継者たちが『時輪タントラ』の体系を整理した、という言い方のほうが正しいかもしれない。

ゲルク派の僧トゥケン・ロサン・チューキ・ニンマは『宗教源流史』のなかで、ツォンカパの幻身説について次のように述べている。

「定寂心の最後の光明から逆行して起き上がるならば、［そのとき］その［光明の］乗物である風《ルン》が同類の流れとして後に不浄の幻身として生起《しょうき》する［というその］方法を、ジェ・ラマ（ツォンカパ）が広大に詳しく著されたが、それと同様には、秘密集会を詳しく学んだ最高峰のマルパやゴー翻訳官の二人でさえもお考えになることができなかった。ましてやチベットの密教者と自称している他の者たちにどうして理解できるだろうか。（中略）特にまた、四空の風《ルン》と心から幻身を成就する稀有な方法である、聖者父子《しょうじやふし》の御考えを如実に明らかになされたかくのごときことは、マルパやゴー［翻訳官］や、かつてのサキャ派の方々や、一切智者《いっさいちしゃ》であるプトンなどの典籍にも明らかにされていないのだから、他のものはいうまでもない」トゥケン・ロサン・チューキ・ニンマがそう讃えるとおり、まさにツォンカパの幻身説は未曾有のものであった。

本文でも考察したように、そのためには〝幻身〟獲得のための根本材料となる中有の構造を知らなくてはいけない。これが第二章の目的である。

ゲルク派の〝死者への教え〟は無上瑜伽タントラの思想を根本としており、この教えは自分ひとりが救われることを望む教えではない。顕教や下の三タントラの教えでは成仏に時間がかかり過ぎるので、より迅速に仏となって苦しむ衆生を救済しようというのが動機としてある。したがって死に際しても、自分の解脱をいかに得るかということより、自利利他双方を円満しようとする姿勢が根底にあるのである。

◎新たな生の瞑想について

第三章では、中有の者が新たに生を得る様子が描かれている。

結局、幻身や受用身のままでは、聖者の菩薩など、そうとうに高い境地の者しか相まみえることはできない。修道者は最終的に、みずからが救うべき凡夫《ぼんぶ》にも会える姿をとる必要がある。それが変化身である。この変化身獲得の根本材料となるのが、新たな生の獲得への過程なのである。

ダライ・ラマ法王がチベット人の間で絶対的に支持されつづける理由がここにある。すなわち、彼らは法王を「幻身を獲得した観世音《かんぜおん》菩薩の〝変化身〟」としてとらえているのである。

以上、『基本の三身の構造をよく明らかにする灯明』の裏にある思想の概略をまとめてみたが、このように、本書はたんなる「枕経」なのではない。実践的に生きているうちから学ぶ「修道者の手引き」といえるものだ。しかしもちろん、一般の人にとってもこの思想を学ぶことは決して無駄なことではない。

前書きでも述べたが、死を迎えるに際し、自分なりに準備をし、動転することなく死を迎えられることが、ほんとうの終活といえるのではないだろうか。〝死の光明〟へのプロセスを知るだけでも、来世に向けての大きな力になるばかりか、輪廻転生から解脱してブッダの境涯にまで進む足がかりにもなるはずである。

かつて日本でギュメ寺前管長ドルジェ・ターシ師が講演会を開かれたとき、本書をテーマにお話をされた機会があった（付録ページ参照）。

そのとき、「死への過程」の説明で私の通訳を通して同じような話が続くため、聴衆の皆さんが飽きてきているのを感じた私が、「先生、はしょりましょう」と提言した。ところが、師は「今彼らが興味をもって聴いているかいないかが大切なのではない。彼らに習気《じっけ》を置くことが大切なのだ」とお答えになり、そのままお続けになったのである。

習気とは、一度碗《わん》に食物を入れると、食べ物を食べた後でも香りが残ることと同じようなことである。ここで密教の教えの習気を置いておけば、いつの日か必ず密教の教えと強く出会える日が来るはずだ、というのが師のお考えだったのだろう。


本書では、原典にもとづきながらゲルク派の『死者の書』の教えを、師が私に教えてくださったときのように、できるだけかみくだいて説明したつもりである。

もし本書をざっと読み流したとしても、ドルジェ・ターシ師の説によるなら、その段階で皆さんのなかにも密教の教えと出会う習気が置かれている。

チベット密教に不慣れな読者にとっては、独特の術語が頻繁に出てくることもあり、難解と思われたことだろうが、本書を読み終えたとき、あなたは無上瑜伽タントラを学ぶうえでの最も大切な基礎知識を具《そな》えたことになるはずである。

二〇二二年七月、ダラムサラでダライ・ラマ法王によるチャクラサンヴァラ灌頂が勤修《ごんしゅ》された。この際にダライ・ラマ法王は「この場にいなくとも、日本にいようがベトナムにいようが、この中継を見れば灌頂を受けたことになる」と話された。

灌頂では、受者の資格をすべて阿闍梨《あじゃり》が決めることになっている。

ちょうど、ダラムサラに滞在して灌頂を受けていた友人、ガンデン寺のチューロ・リンポーチェから電話があったので、「この中継を見られずに、あとで録画を見た者も灌頂を受けたことになるのか」と聞いたところ、彼は「それは即答できない」と言った。数日後、リンポーチェから電話があった。「コロナで受けられない者が多くいるのでどうしたらよいか、と法王庁に問い合わせた外国人がいたらしい。すると法王様から、『録画でも受けたことになる』という回答だった。ずいぶん以前のものはどうかわからないが、この七月のチャクラサンヴァラはかまわないようだ」

この灌頂については、ダライ・ラマ十四世公式ウェブサイトで検索し、動画の「ヘールカのルーイーパ流の本灌頂」の第一日目の前行修行と二日目の本灌頂の両方を順番に見なければならないが、居住まいを正してライブで灌頂を受けている気持ちで視聴すれば、実際に灌頂を受けたことになるとのことである。

よろしければ、ぜひとも視聴してみていただきたい。それで無上瑜伽タントラを学ぶ資格は得られるはずだ。

ただし、無上瑜伽タントラの実践には、必ず師が必要であり、なおかつ生起次第《しょうきしだい》を学んでから究竟次第《くきょうしだい》に進むべきである。いきなり究竟次第を実践すると、ひどい鬱になったりするケースが実際に自分の知る範囲でもある。ぜひ、正しい指導者について学んでいただきたい。

ロサン・ガンワン師の師の一人であった、第九十八世ガンデン寺座主ジャンペー・シェンペン師は、「密教がありがたいのは顕教のおかげである。顕教がなければ、密教はフン・フン・パッタ・パッタだ」とおっしゃっていたという。このフレーズをダライ・ラマ法王がお気に召し、ときどき説法会で使っておられる。要するに、空性や菩提心、忍辱行《にんにくぎょう》の功徳《くどく》などの顕教の内容を知らないまま密教を学んだり修行をしたりしても、効果は限定的だということである。今後チベット密教を学習しようとする方は、顕教の教えをあわせて学ぶことをおすすめしておきたい。

付録　『死者の書』についての問答

ラマ・ドルジェ・ターシ

この問答は一九八九年八月（インド・ギュメ寺）、一九九三年四月（大阪）、一九九四年六月（大阪）の三回にわたってインドのギュメ寺第九十六世管長、ドルジェ・ターシ師[*1]を迎えて行われたものである。そのテーマとなったのは、本書ゲルク派版『死者の書』――『基本の三身《さんじん》の構造をよく明らかにする灯明《とうみょう》』と、それにもとづく無上瑜伽《むじょうゆが》タントラの死や供養の解釈、あるいは修道や空性《くうしょう》に関する諸々の概念を、特にゲルク派（ツォンカパ）の立場から明らかにしたものである。各質問はすべて別々の質問者によるもので、性別、年齢も多岐にわたっている。

質問1　第三者はどのようにすれば、人が完全に死んだとわかるのですか？

回答▼　死の光明の時間は普通三日間くらいですから、この時間が過ぎると、あとは冷蔵庫に入れても何をしても、それはたんに物質的な問題になってしまっています。意識はすでに離れてしまっているからです。しかし、その日数は決定できません。

死の兆《きざ》しは鼻血が出るといったようなことでも見ることができるのですが、第三者が簡単には判断できないのです。心臓が止まるということは、心臓を動かしている風《ルン》が止まり、その風《ルン》が中央管に入ったから止まるのです。風《ルン》の考え方は非常に大切ですので説明をしましょう。

自動車が動いているときのことを考えてください。この場合は、自動車が風《ルン》で、運転手が意識となるわけです。このように、自動車は両方の条件があるから動くことができるわけでしょう？　もし私が頭頂のチャクラに意識を置くと、風《ルン》も意識といっしょに、頭頂のチャクラに行きます。そのようにして、中央管に風《ルン》が入るようにしていくのです。

質問2　臓器移植のときに問題となる、脳死の段階の意識は、どうなるのですか？

回答▼　私には、臓器移植というのは医学的にどのようなものかはわかりません。しかし仏教的にいうと、心臓が動き続けているということは微細《みさい》な意識が身体に残っているからで、経典どおりであればそれは死ではないことになります。しかし、臓器移植がよいかどうかはそれぞれの状況で異なるので私には即答しかねます。

質問3 **他人に自分の体を提供するのだから、臓器移植は、宗教的には最高の布施《ふせ》となるのではないですか？　自分の命を全部あげてしまうのだから。**

回答▼ 死ぬ前に、自分が脳死状態になったら臓器を提供したいと遺言を残してそれを行うのなら最高の布施となります。しかし、周りの人が勝手に死んだと判断して行うのであれば、それは違います。

質問4 **『死者の書』を読むと父の白い精液、母の赤い精液とありますが、この場合の母の赤い精液というのは卵子のことだと思うのですが、卵子は血液なのですか？**

回答▼ 血液といっても、すべての血液が赤い菩提心《ぼだいしん》（卵子）ではありません。頭の上に父親から得た白い精液があるのに対し、臍《へそ》の位置に母親から得た赤い菩提心（卵子）があります。これが自分の赤い菩提心（卵子）を滋養していく中心になるのです。どちらのほうが力が強いかは性別により異なりますが、これは男女どちらにもあります。

質問5 **胸の奥にある微細の意識がつまった丸い粒そのものが、輪廻《りんね》する主体そのものと考え**

てもよいのですか？

回答▼

まあそうですね。つまり悪いことをしたり、よいことをしたりしたことによって影響がどこに残っているかというと、そこに残っているわけです。死ぬときに来世に行くのはそれです。死ぬ前はまったく動かないで、仕事もしないで眠った状態であるのに、死ぬ際にはほかの粗《あら》い意識が全部溶け込んでしまって、その意識が来世に行くのです。しかしそれが輪廻する主体かといえば、それは違います。輪廻する主体はあくまでも「私」です。少し難しいですが、非常に微細な意識でさえも、輪廻の結果、われわれが享受《きょうじゅ》すべき対象として現れたものにすぎないのです。それを享受する主体、つまりそれが「私」なのです。

これは難しいことですが、ここで少し説明してみましょう。

われわれが今朝食べた朝食も、今着ている服もすべてわれわれの過去の業《ごう》の結果として現れたものだと仏教では考えます。それらの外的なものと同様にわれわれを構成する要素、すなわち五蘊《ごうん》もまた過去の業の結果として現れたものなのです。

五蘊とは「色《しき》」（身体および物質）、「受《じゅ》」（感受作用）、「想《そう》」（表象作用）、「行《ぎょう》」（「受」・「想」以外の心作用一般）、「識《しき》」（認識作用、また意識そのものをいう）ですね。過去の業の結果としてこの五蘊を受け取った主体が「私」です。

ここで難しいのは、五蘊と本性が別である「私」がいるのではないということです。

すなわち、五蘊よりほかに「私」と名づけるもととなるものはありません。しかし五蘊そのものは「私」ではないのです。なぜなら、肉体が死んで五蘊がバラバラになっても「私」はバラバラになるわけではないからです。

しかし意識は来世に行くわけだから、意識が「私」だと考える方があるかもしれません。そう考える人がいるのは当然でしょう。かつてインドやチベットの大学者にもそう考えた人はたくさんいましたから。

しかしたとえば、意識が輪廻の主体と考えるならば、それは粗い意識でしょうか、それとも非常に微細な意識でしょうか？　粗い意識は〝死の光明〟の際に消えてしまいますからこれは違います。では、非常に微細な意識なのでしょうか？　しかしもし、非常に微細な意識が「私」であるならば、〝死の光明〟のとき以外は覚醒していませんから、「私」はふだん覚醒していないことになってしまいます。

このように見ていくと、「私」とは、五蘊のなかで〝これだ〟と特定することができないものであることが理解できるでしょう。「数珠《じゅず》」が数珠のそれぞれの部分を離れて数珠と呼ばれることがないように、「私」も五蘊を離れては存在しません。しかし五蘊自体のなかに「私」を見つけることもできないのです。なぜなら五蘊は、「私」という主体が過去に行った業の結果として享受することを運命づけられた「客体」だからです。

したがってツォンカパは、輪廻の主体を〝五蘊のいずれかによって名づけた「私」のみ〟と説明して、具体的に意識だなどとはいっさい述べていないのです。「私」は存在します。しかし追究するとわからなくなってしまいます。まさに幻のごとくです。だいぶ難しくなってしまいました。しかし、今私は皆さんにブッダの悟りの境涯である「空性《くうしょう》」を理解するための種をまきました。
ずっと考えていてください。時が至れば、やがてわかる日が来るはずです。

質問6▼ 四十九日で生まれ変わるのならば「お化け」とはいったい何なのですか？

回答▼ お化けというのは餓鬼《がき》なのです。餓鬼に生まれ変わって、お化けとなっているのです。したがってお化けも、餓鬼の輪廻の期間が終わると死んで次の輪廻へと移行します。

質問7▼ よくテレビでお化けの姿を見ることができるという超能力者が出ていますが、それについてどう思いますか？

回答▼ われわれはお化けをなかなか見ることができないので、お化けを見た人を超能力者と考えているのですね。それは違います。
神通力《じんつうりき》（修道によって付随的に身につくほんとうの意味での超能力）とお化けを見たりすることとを勘違いしている人が多いようなので説明しましょう。

お化けを見るのは眼で見るのですが、神通力は心で観《み》るのです。これは全然違うものですよ。お化けを見たからといって驚くことは何もありません。死人が出した涙を自分の眼につけたら、お化けが見えるようになると聞いたことがあります（笑）。

質問8▶お化けが前世の人の姿で出てくるのはなぜですか？

回答▼守護霊《スンマ》がその人の姿をして出てくるのです。皆びっくりしたり、ありがたがったりするのを、おもしろがって出てきているのです。

質問9▶守護霊とはどういうものですか？

回答▼だいたいほとんどが餓鬼なのです。「守護霊はありがたいありがたい」と言えば、調子にのって、いうことを聞いてくれることもあるし、「守護霊は悪い悪い」と言っていれば、悪いこともします。私にもいっぱい憑《つ》いています。でも、動物には憑いていない。動物は餓鬼より段階が下だからです。それに守護霊というのは、その人の人生をすべて知っています。常にそばにいるわけですから。しかし灌頂《かんじょう》（師から弟子へのイニシエーション）の際は、儀式時に魔に供物《くもつ》を与えて一時的に出ていってもらいますので、灌頂の際の様子は知らないのです。

質問10　よく世間で悪いものが憑いているとかいないとかいいますが、拝んでそれを祓《はら》うとかいうのは、どのようなことなのですか？

回答▼　拝んでくださった人が菩薩《ぼさつ》なら、祈願の力で変わってきます。しかし普通の人でお金をもらって落としてあげようというのでは、変わることはありません。

密教には現世利益《げんぜりやく》の祈願がたしかにあります。それはどうするのかというと、たとえば、憑いているものが喜びそうなものを与えて出ていってもらう、あるいは真言《しんごん》を唱えてその力で追い出す。そういうケースがあることはあります。

しかし、自分に憑いた餓鬼を追い出す最高の方法は、自分が仏様に帰依《きえ》するという気持ちを強くもつことです。これが最高に効果のある方法です。これ以外に根本的に解決する方法はありません。

祈禱《きとう》してくれる人が菩薩の境地に達しているのなら別ですが、それ以外の場合はあまり効果はありません。信仰心がない人は、しかたないので何か頼るものをもってきて拝むしかないでしょう。最良の方法はとにかく信仰心をもつことです。

質問11　菩提心をもっている方でも、背中に餓鬼が憑いて守ってくれるのですか？

回答▼　守護霊が憑いてくれたり助けてくれたりするのは、気まぐれ、気分でしているのです。でも、お釈迦様は一〇〇パーセントその人を救おうと決心されているので、レベルがまったく違うのです。餓鬼が手伝ってくれるのは気まぐれによるもので、人間関係と同じようなものと考えていいでしょう。

お釈迦様の救いは常にわれわれのすぐそばにあります。しかし、いろいろな罪や汚れや悪想念によって受け止めるパイプがつまっていて、こちら側にそれをキャッチする心の状態がないのです。したがって、正しい信仰心をもってそのパイプのつまりを浄化することができれば、必ず救われます。

お釈迦様の救いは、守護霊などの救いとは救い方もあり方も違います。私は以前、よく病気をしていました。そこで私の師匠が、守護霊（餓鬼）に向かって、この者にかまわないでやってほしいと拝んでくださったことがありました。それから私は、病気をまったくしなくなりました。私の師匠とこうしたご縁があったのも、自分に信仰心があったからで、これは信仰心が一番の基本だと実感したできごとでした。人に頼るのはだめです。もし頼りたければ、仏様にだけ頼ることです。信仰心をもつことが最もよい方法です。

関連してダライ・ラマ法王のお話

日常で困難な状況に陥った際、チベット人は昔から「魔が入った」といってお坊さんにお願いして祈願をしてもらう習慣があります。これについてダライ・ラマ法王は、「ほんとうに菩提心がある阿闍梨《あじゃり》に祈願してもらえば効果があるだろうが、そうでなければ、マントラを唱えても効果は疑わしい」とおっしゃいます。

では、どうすればよいのでしょうか。法王様がおっしゃるに、そんな困ったとき、初心者の修行者にとって、魔物を追い払うのに最高に効果があるのは、シャーンティデーヴァの以下の言葉です。

「私は今日、すべての守護者の御前で、衆生《しゅじょう》を［最後には］如来《にょらい》自体［へと導き］、そしてそれまでは楽なる場所に賓客《ひんきゃく》として招請すると決めたからには、天も阿修羅《あしゅら》なども喜べよ」（『入菩薩行論《にゅうぼさつぎょうろん》』第三章三十四段）

この「阿修羅など」のなかには魑魅魍魎《ちみもうりょう》も含まれるとされます。要するに、「輪廻のなかで魑魅魍魎に生まれたかわいそうな存在だ。自分が仏の前で菩提心を起こし、菩薩行を実践すると誓って救わなければならない対象そのものだ。だから、間違いなく導いていくので安心して喜べ」というわけです。

二〇一一年九月一日と二〇一三年一月八日の二回、この文に関して、ダライ・ラマ法王は同様の説明をされています。

また、二〇一八年十一月二十二日に福岡の東長寺《とうちょうじ》で、法王は次のようなお話をされました。

まだ幼き日、ポタラ宮で過ごしていたときに、随行の者たちから、ポタラ宮の暗い廊下には幽霊が出るという話を聞いた。ある夜、その廊下をひとりで移動しなければならないことになった。何者かの声が聞こえたようにも感じて怖くてしかたなかったが、しかしよく考えると、幽霊もまた、輪廻のなかにあって楽を求めて苦を逃れようとしている衆生にすぎない。それなら、自分が幽霊を仏の世界に導いてやろうと思った。そうしたら、今まで感じていた恐怖はまったくなくなって、むしろ愉快な気持ちで廊下を通り過ぎた。

法王は「我執《がしゅう》は不信感から恐怖をともなうけれども、恐怖の対象に逆に慈悲《じひ》の気持ちを抱けば、自然に恐怖は消滅する」とおっしゃっています。初心者の仏教者にとって魔を祓う最良の方法は、心に菩提心を観想し、魔にも慈悲をもって臨むことであるというのです。

質問12　守護霊はそのときどきで変わるのですか？　餓鬼を吸い寄せるのですか？

回答▼　生まれた瞬間から死ぬまでいます。人間に憑いている餓鬼などは、いてもいなくてもどっちでもいいものです。大切なのは信仰心をもって仏様の教えを守ることで、餓鬼の気まぐれに助けてもらおうなどと考える必要はありません。

質問13　中有《ちゅうう》の人にはわれわれの行動は全部見えるのですか？

回答▼　見えています。われわれのほうから向こうは見えませんが、向こうからわれわれは見えているのです。しかし、自分の来世の両親がその中有の者を生むためにしている性交の場面は見えないといわれています。

質問14　では、中有の者はこの現実世界にいるわけですか？

回答▼　そうです。どこへでも行けます。

質問15　中有（の状態）は行きたいところへどこにでも行ける素晴らしい快適な状態と考えていいでしょうか？

回答▼　中有の状態は決して楽ではありません。むしろ苦しみそのものです。なぜなら、自分の生まれる先を必死で探さなくてはならず、また自分の心の投影であるさまざまな化けものや猛獣が現れて本人を苦しめるからです。

質問16　（男性による質問）生を享《う》ける際、男に生まれるならば母親に欲望を感じ、父親に怒りを感じると聞きましたが、そうすると私の息子も私に対し、心の底で敵意をもっているわけですか？

回答▼ それはあくまで業の力でそう感じるときがあるというだけで、心の底で敵意をもっているとかそういうものではありません。

質問17 仏教の話を聞くと、人間に生まれてくるのは自分の意思であるということができますね。

回答▼ 自分の意思は関係ありません。自分の意思で生まれることのできるのは、ものすごく高い境地の人たちです。普通、自分の生まれ場所を探しまわるのは業の力のせいであって、自分の意思ではないのです。われわれの生活には業の力が大きく影響しています。これはなにも来世へ行く場合だけでなく、今世においても同じです。

たとえば、私はチベットにおいて快適に生活していましたので、そこにずっといたかったのですが、業の力によって気がついたらインドへ追い出されていました（笑）。このように、たいていのことは業の力によりそうなってしまいます。だから自分の意思によって思いどおりにしようということはなかなか難しいのです。

質問18 来世の行き先は神の審判により決定するという考え方がありますが、それについてどう思いますか？

回答▼ 来世を決定するのはすべて前世の自分の業です。誰か偉い人や、神がいて自分を地獄に送るのではありません。行為を行った自分がその結果を受けるという因果関係だけがあって、そこには第三者は介入しないのです。

質問19▶ では仏様は助けてはくれないのですか？

回答▼ 仏様の側からの働きかけはもちろんあります。経典には、輪廻のなかで苦しんでいる衆生に対する仏様の御心配は、病気の赤子を心配する母の気持ちよりはるかに強いと説かれています。しかし、なかなか救済は難しいのです。仏様がわれわれを救おうとする意思の力と、われわれのもつ業の力とはだいたい同じくらいであるとされています。

たとえば人間の寿命の場合を考えてみましょう。人の死には、天寿を全《まっと》うして死を迎える場合と、天寿はまだあるのになんらかのアクシデントで死ぬ場合の二つがあります。後者の場合は強い信仰心をもったり、ほかの生きものの命を助けたりすることにより、仏様からの救済を受けることができます。

しかし前者の場合は仏様の力によっても無理なのです。仏様の起こす奇蹟の最大のものは、われわれの心のあり方を変えることです。これのみにより、われわれはたいていの苦しみから解き放たれるのです。そしてその手段とは説法です。それ以外の方法で助けてくださる場合も当然ありますが、最大の救済方法は、説法により心のあり方を変化させ、ひとりひとりのもつ固定観念やとらわれを破壊して意識改革を実現させることなのだと理解しておくことが大切です。

質問20 われわれ人間が植物に輪廻することもありますか?

回答▼ 植物には輪廻しません。植物は心のあるものではないからです。『ジャータカ物語』(釈尊の前世の物語)のなかで釈尊が前世に植物だったという話はありません。

質問21 六道《ろくどう》輪廻のなかでは天界に生まれることが一番よいことなのですか?

回答▼ 必ずしもそうではありません。天界に生まれた者には苦しみがありませんから、苦から逃れようとはしないのです。そうすると、輪廻から離れようとする心も起きませんから、解脱《げだつ》に向けて努力することも当然ないのです。

そして快適な環境に安住して徳《とく》を使い果たしていき、死の七日前になると自分がもうすぐ死んで輪廻しなくてはいけないことを生まれもった神通力で知ります。

そして将来を悲観しだすと、自分がもっていた素晴らしい身体の光や香りは急速に衰えていき、臭い匂いを発するようになります。そうすると、今まで自分とともに戯れていた仲間や異性は去っていき、失望のなかで死んでいくのです。したがって、六道輪廻のなかでは人間に生まれることが一番素晴らしいことだといえます。解脱に向けての努力を始めることができるからです。また、今世の間になした業の結果が今世のうちに返ってくるのも人間だけです。

また、即身成仏《そくしんじょうぶつ》（一生涯のうちに徳を積んで仏となること）も可能なのです。阿弥《あみ》陀《だ》の極楽浄土《ごくらくじょうど》に生まれた菩薩の方々も、来世は人間に生まれるよう祈願するといわれています。その人間に生まれているのですから、皆さんもその機会を無駄にすることなく過ごすことが大切です。

質問22 中有の四十九日を越えたなら、どんなに供養しても無駄なのですか？

回答▼ 無駄ではありません。生まれたその先で必ず効果があります。たとえば、その人が病気にかかっているならばそれが治ったりするのです。しかし、もう生まれ変わっていますから、畜生に生まれている者が突然人間になったりすることはありません。

質問23 死ぬ前に仏教を勉強しておくことが大切だという話を聞きました。また中有のときの供養の大切さもわかりましたが、ではそのどちらがより大きな効果があるのですか？

回答▼ 生きているときに仏教を勉強しておくことのほうが大切でしょう。なぜならば、死にかけているときに仏教の話を耳元で囁《ささや》きかけることはとても大切ですが、その際に仏教に対して信仰心がなければ、話を聞いて心が安らかになっていくことはまずないからです。このように、死ぬ瞬間の心の状態はとても大切です。

質問24
生前悪いことばかりしていても、死ぬ際に良い心の状態になればよいということですか？

回答▼
それまで積んできた業は簡単には解消できません。しかしほんとうに心の状態が変われば大きな助けとなります。

すべては心のあり様と深く関わっています。こんな話があります。

あるお寺で雨漏りがしており、雨の滴《しずく》が仏像にかかっていました。それを見た男が、なんとか雨粒《あまつぶ》がかからないように考えましたが、うまくいきません。しかたなく自分の履《は》いていた長靴を仏像にかぶせて去って行きました。次に来た信者が驚いて、「誰がこんな罰当たりなことを！」と叫んで、その長靴を仏像の頭から取り外しました。結局、仏像は雨滴によって朽ちてしまいました。

さて、どちらのほうが善業《ぜんごう》を積んだと思いますか。実は、どちらも善業を積んだのです。どちらの人も悪意は微塵《みじん》もなかったからですね。

これは心の状態がいかに大切かを示すひとつの逸話です。

また、死ぬ際にとりすがって泣きつくと、死に向かう者の気持ちは大きくとりみだされます。ですから「死なないで」等と言ってはいけないのです（笑）。たとえば「子供をおいて死ぬとは何たることだ」と周りの人が言って、その人が執着《しゅうじゃく》の心を起こして死ぬと地獄に行くことになってしまいます。だから死ぬ前には、その人が喜ぶようないい話をしてあげるのです。

先にも述べましたように、仏法に関する話をしてあげて、法に心が向く状態で死なせてあげることが死者を看取る最高の方法です。

質問25　突然死の場合、そのようなことができないのですが、どうでしょうか？

回答▼　そういう場合はしかたありませんね（笑）。しかたないけれど、その人が、その一生で積んできた善業と悪業《あくごう》のどちらが強いか、その力関係によって決まります。だから悪業が強ければ悪趣《あくしゅ》（六道のなかの餓鬼・畜生・地獄）へ、善業が強ければ善趣《ぜんしゅ》（六道のなかの天・修羅・人）に生まれます。どちらもまったく同じ力の業ならば、どちらか先に積んだほうの業が先に結果を現します。しかし残念ながら、たいていの場合は悪趣です。

人間に生まれる確率は、大きな湖で一日に数度だけ水面に首を出す亀が、首を出した際に穴の開いた船が通りかかり、その穴を塞《ふさ》ぐほどの確率といわれています。

質問26　私たちのなかには、死ぬ際にコロッと逝《ゆ》きたいとお寺に願をかけている人もいますが、

回答▼ これは間違っていますか?

コロッと死にたいと願うのは間違っています。やはりコロッと逝くよりも、長い間病気になったほうがいいに決まっています（笑）。なぜかといいますと、一つは苦しみにより業を解消してくれるということ。もう一つは病気が長くなって、死を迎える状態のときに教えを聞くと、心のテンションが高くなっているために仏法の理解がより深いものになるということです。そのような状態のときに仏法を聞くのと、われわれの今の状態で仏法を聞くのとは、少し効果が違ってくるのです。

質問27 子供が不愉快になったときに、よく親に対して「勝手に生みやがって」とか「自分は生まれたくなかったのに」といった言い方をしますが、そのようなときに、その子供に対して、「自分の業で生まれてきたのだ。親の責任ではないのだ」ということをきちんと教えないといけないでしょうか?

回答▼ もちろんそれを教えなければいけないのですが、まずわからないでしょうね（笑）。だいたい、親というものがとてもありがたいものだということがわかっていないのに、業について理解するなんて無理です（笑）。

質問28 死んでから四十九日の間に供養することはそんなに意味のあることなのですか?

回答▼

ひとつ逸話をお話ししましょう。

かつてチベットにはミラレパという大行者がいました。彼は今のネパールとチベットの国境付近の山の頂上の祠《ほこら》に住んでいました。冬になると雪に囲まれて食物がなくなるので、弟子が麓《ふもと》から食物を運んでいました。

ある年、それはそれはたいへんな大雪に見舞われてしまいました。弟子たちはミラレパのことをたいへん心配しましたが、雪のせいでとうとう三か月も食物を届けることができなかったのです。弟子たちはミラレパが死んだと思い、丁重《ていちょう》にお葬式をして、四十九日間欠かさずお経をあげつづけました。やがて春が訪れ、雪が溶け出したある日、弟子たちはミラレパの遺骸を探しに山に出かけました。

祠へ行くとどうでしょう。ミラレパは少しも痩せずに元気だったのです。とても驚いた弟子たちは「どうしておられたのですか?」と尋ねました。

するとミラレパは、「弟子たちが一生懸命に拝んでくれたから私は助かったのだ。死ぬ前に拝んでもらってこれだけ効果があるのなら、死んでから拝んだらどんなに効果があるだろう」と答えたといいます。死者は四十九日の間に必ず輪廻します。大切なのは、その際に残った者が必ず効果があると思って供養することです。

お葬式のときに線香をあげますね。それは、中有の人は線香の香りを食べているからなのです。線香をたてる際に、「どうかお母さん、この線香の香りを食べてください」

という気持ちで線香をたてることが大切なのです。そうすれば必ずお母さんはその線香の香りを食べることができるのです。
しかし、近所の手前格好悪いし、かたちだけでも一応やっておこうかという心で同じことをしても、お母さんは線香の香りを食べることはできません。だから四十九日の間は真剣に供養することが大切なのです。

質問29 葬式のときにお坊さんに高いお布施をしたり、初七日《しょなのか》にお坊さんに御馳走をしたりするのは効果があることなのですか?

回答▼ お坊さんに供養のお食事を召し上がっていただいたなら、釈尊に供養してお食事を食べていただいたことと等しい功徳《くどく》を積むとツォンカパは述べておられます。なぜなら釈尊が涅槃《ねはん》に入られたあと、釈尊の教えを正しく伝えることのできるのは僧侶だけだからです。しかし、それはもちろん釈尊の教えを正しく広めようと心がけている僧侶だけについていえることです。
チベット仏教では、修行不足の者にとって、信者からの供養は真っ赤に燃えている鉄を食べるのに等しいといわれています。修行不足の僧侶が信者からの供養を受けると病気になったりするのです。供養を受ける側の心構えも大切ですね。

質問30 **四十九日の間にする供養というのは僧侶に対するお布施だけですか？**

回答▼ もちろん違います。良い行いをしてその徳を回向《えこう》することが大切です。回向と祈願とは違います。祈願とはそうなりますようにと拝むことだけをさしますが、回向とはなにか徳を積んでその徳を積んだ功徳の力によって祈願することです。したがって回向のほうが効果が大きいのです。

たとえば、きれいな景色を見て感動したらその感動を回向します。また素晴らしい人助けをしたり、修行をしたりされている方の善行に対して随喜《ずいき》することも大切です。随喜とは、「ほんとうに素晴らしいことをされたなあ。よかったなあ」と思うことです。それにより、その方が積まれた徳と同じだけの功徳を積むことができます。だから逆に、「あんなのはたいしたことはない」などと考えたり言ったりするのは絶対によくないことです。

このように、お坊さんに供養すること以外でも徳を回向する供養ができます。ちなみにこれは、四十九日に限ったことではありませんね。

質問31 **中有のお話を聞いていたら、死体はぬけがらで、何も意味がないのではありませんか。それならば、それを焼いてお骨にして、お墓を建てて拝んでも何も意味はありませんね？**

回答▼

われわれチベットの風習では、死んだ人のお墓を建てて拝むということはしないのでわかりません。ただし、先ほども述べましたように、生きている人のために祈っても効果があります。そして、死んで生まれ変わってきたその人のために祈っても当然効果はあるでしょう。

たとえばチベットにこういう言い伝えがあります。亡くなった人の灰を海に撒《ま》いたら、来世は頭のいい人間に生まれ、山頂に撒けば、王家に生まれると。しかしこれは世間の人が言っていることで、私自身は経典のなかでそのように書かれたものを見たことはありません（笑）。

質問32　灌頂を受けて密教の修行をしなければ地獄に行くと聞きましたが、ほんとうですか？

回答▼

ほんとうです。チベットにこんな話が残っています。

あるラマがたくさんの人に無上瑜伽タントラの灌頂を授けました。そのとき、別のラマがそのラマに言いました。

「今日灌頂を受けた連中の大半は地獄へ行くぞ。どういう気持ちであなたは灌頂をしたのかね」

そのラマは答えました。

「たしかにほとんどの受者が地獄へ行くだろう。しかし私は彼らに輪廻のリミットを与えたのだ」と。
灌頂を受け、密教と強い関わりをもてば、十六回生まれ変わるうちに成仏するといわれています。したがって来世は確実に地獄に行きますが、十六回転生すれば成仏できるのです。十六回なんてとんでもないとお考えですか？　それこそとんでもない。今までわれわれが輪廻してきた数に比べれば、十六回はないに等しい数字なのです。

質問33　十六回生まれ変わるということですが、今回が何回目かはわかりませんね。たとえば、私が十六回目である可能性も当然あるわけですね？

回答▼　何回目かは、自分の心の状態をしっかり見つめれば、あなた自身がわかるはずです(笑)。

質問34　今の日常生活のなかで起こるさまざまなことは、すべて業の影響を受けているのですか？

回答▼　そうです。すべては業の影響を受けています。しかし一つ一つの業の結果は「これである」ということはできません。
たとえば声聞《しょうもん》(釈尊の直弟子たちで、部派系の仏道修道者)は小乗の悟りの位につくためには三回生まれ変わらなくてはならないといわれていますが、同じ声聞であっても舎利弗《しゃりほっ》や阿難尊者《あなんそんじゃ》は一生の間に悟ったといわれています。いったいどういう業でそうなったのかは誰もいうことはできないのです。

こんな話が残っています。

ある村で大きな池に魚をたくさん養って生計をたてている者がいました。彼は近所に住んでいる男に殺されてしまいました。そのことで妻も悲しんで死に、殺した男もその年の暮れに死にました。夫妻には一人娘がいて、彼女は翌年子供を生みました。その年の暮れ、釈尊の十大弟子の一人で神通第一といわれた目連《もくれん》尊者がその家の前を通りかかりました。そのとき娘は子供を抱いて魚を食べさせていたのですが、猫がその魚を盗ろうとするので、娘は猫を捕え、叩いていました。目連尊者がその様子を神通力で見ると、その魚は父親、猫は母親の生まれ変わりでした。そしてなんと、娘が大切に抱いている赤子は父親の仇《かたき》の男の生まれ変わりだったのです。目連尊者は輪廻転生のメカニズムのあまりの複雑さに溜め息をついたといいます。

このように業というのは、前世、過去世、さらにそれよりずっと前になした行為の結果などが複雑に絡《から》み合って結果を生みます。したがってどの業でこうなったなどとは簡単にはいえないのです。

しかし、今世どのようになすべきかについては釈尊が明確に説いておられます。釈尊がやめておきなさいと言われたことをやめ、こうすべきだとおっしゃったことを実行することが、われわれ仏教徒が来世に備えてなすべきことなのです。

質問35 **一日の間になした悪業を浄める方法はないのですか？**

回答▼ あります。*2金剛薩埵《こんごうさった》の念誦法《ねんじゅほう》を毎日寝る前に二十一回誦《じゅ》すれば、その日一日に犯した悪業を浄化することができます。アティーシャは毎日二回、夜寝る前と朝起きてすぐにこれを行ったといわれています。しかし、この念誦法を実行するときは、その日一日自分がなした悪業を悔い、二度としないという誓いの気持ちをもつことが必要です。そういう気持ちで行えば、間違いなくその日なした悪業は浄化されます。

ちなみにこの行法を十万回行ったら、今世においてなしたすべての悪業を浄化できるとされています。

質問36 **無上瑜伽タントラを学ぶうえで、ゲルク派の『死者の書』を学ぶことはそんなに大切なことなのですか？**

回答▼ 無上瑜伽タントラを学ぶうえで『死者の書』を学ぶことは必要条件です。逆にいえば、灌頂を受けてどんなに修行しようとも『死者の書』の内容を学ばなければ成就を得ることは絶対にできないのです。

質問37　ゲルク派版『死者の書』がいかに大切なものかは理解できましたが、この教えを学ぶにあたって灌頂を受ける必要はないのでしょうか？

回答▼　この『死者の書』は大切な教えですが、無上瑜伽タントラ自体ではありませんので、灌頂なしに学んでもさしつかえありません。それどころか、これを正しく学ぶことは来世への大きな貯金をしたことになります。

しかしチベットではシェーギュン（ラマから弟子への経典解説）を大切にしますので、よい師について正しく学ぶことが大切です。

質問38　無上瑜伽タントラ自体を灌頂を受けずに学んだらどうなりますか？

回答▼　それは大切な質問です。無上瑜伽タントラを灌頂を受けずに学ぶことはたいへん危険なことです。ツォンカパは、灌頂なしに無上瑜伽タントラを学んでもその行は徒労であるとしていますし、そのラマと弟子はともに必ず地獄へ行くと何度も何度も警告しています。したがって無上瑜伽タントラだけでなく、密教を学ぶ場合はまず灌頂を受けることを心がけるようにしてください。

*1 第九十六世ギュメ寺管長ドルジェ・ターシ師の略歴

一九二九年、カム地方のティウに生まれる。十歳で出家し、四年間地元の寺院で学ぶ。優秀な成績をおさめていたので十六歳のときラサのセラ寺のメー学堂に進学し、三十二歳のときにインドに亡命する。一九六六年ゲシェー・ツォランパとなる。この僧位はゲシェー位のなかで最も低いものであったため、周りからは強く反対され、もう数年してゲシェー・ハランパ（最高位の学位）になるべきだと勧められたが、押し切って受位する。それは、当時まだ存命であった母親にゲシェーになったという嬉しい知らせを伝えたいためであったという。一九七〇年よりセラ寺から推薦を受けサンスクリット大学修士過程に進学。一九八〇年にダライ・ラマ法王の命で、ギュメ寺で数年間密教を学ぶ。一九八八年、ダライ・ラマ法王の指名を受け、ギュメ寺のラマウンゼ（副管長）となる。一九九一年には管長となり、一九九三年に任期満了退官。その後セラ寺において後進の指導にあたる。一九九九年十二月十九日没。

*2 金剛薩埵の念誦法について

①まず金剛薩埵《こんごうさつた》が自分の頭頂の上に結跏趺坐《けっかふざ》（両方の足の裏を上にする組み方の坐法。片足だけを上にする組み方を半跏《はんか》趺坐という）で坐っていると観想する。

②次に「世尊《せそん》金剛薩埵よ、私とその他の一切の衆生の積んだ悪業と、三昧耶《さんまや》（誓い）を破ったことのすべてを清浄にしたまえ」とお願いする。

③その願いを聞いて、金剛薩埵の胸にあるフーム字（ཧཱུྃ）から光が流出し、一切の衆生の積んだ悪業を清浄にして、菩薩をともなうブッダに喜んでいただける供養を捧げられる。

④その仏法のすべての功徳が光の相として集まってきて、金剛薩埵の胸にあるフーム字に溶け込み、金剛薩埵はますます威徳《いとく》と威光が溢《あふ》れるものとなったと観想する。

⑤そして次の百字真言を唱える。（二十一回）

「オンベンザサット　サマヤ　マノパラヤ　ベンザサット　テノパティタデトメバーワ　ストカヨメバーワ　スポカヨメバーワ　アノラクトメバーワ　ソワシィディメタヤツァ　ソワカマスツァメ　ツィタムシュレヤム　クローフーム　ハハハハホー　バンガエーンソワタタガタ　ベンザマメムツァ　ベンゼバーワ　マハーサマヤサットアフーンペー」

（句切りの位置、表記などはすべてロサン・ガンワン師による伝統的読み方による）

⑥この真言を唱えているとき、頭頂の金剛薩埵より白い甘露水《かんろすい》が流れ出て、頭頂のチャクラより身体に入り、全身を満たしたと観想して、以下の誓願《せいがん》を唱える。

「私は無知と愚昧《ぐまい》であることで、三昧耶に違反し、（誓いを）破りました。どうかラマ守護尊が私を守護してくださいますように。主尊、金剛をもてる方、大慈悲の本性をもてる方、衆生の主に帰依《きえ》します」

その瞬間、金剛薩埵が「善き人よ、汝《なんじ》の積んだ悪業と、三昧耶（誓い）を破ったことのすべてを清浄しよう」と言ってから、自分の中に溶け込み、それにより自分の身体、言葉、心と金剛薩埵の身体、言葉、心とがまったく一体となったと観想する。このとき、ほんとうに悪業と三昧耶を破った罪が消えるのかと疑いの心をもつと罪は消えないので、心の底から罪は浄化されたと思うことが大切だといわれている。

あとがきにかえて

平岡宏一

ロサン・ガンワン先生はじめ多くの先生方のこと

一九八八年に幸運にもゲルク派（黄帽派）の総本山ギュメ寺に留学できる機会を得て、今日までロサン・ガンワン先生をはじめ、多くのチベット僧に師事させていただいた。それらの先生方の思い出を記すことで、本書のあとがきとしたい。

ギュメ寺のこと

まず、ギュメ寺について説明しよう。

ゲルク派の開祖ツォンカパは、幻身《げんしん》の成就《じょうじゅ》方法を説く『秘密集会《ひみつしゅうえ》タントラ』をすべてのタントラの王として密教経典の頂点に位置づけた。『秘密集会タントラ』には数多の阿闍梨《あじゃり》によって多くの注釈が施《はどこ》された。そのなかでも、『秘密集会タントラ』第一章から第十七章までを解説した聖者流《しょうじゃりゅう》のテキストであるチャンドラキールティの『灯作明《とうさみょう》』は最も重要とされる。この典籍に対して、一四一三年にツォンカパはさらに詳しく複注《ふくちゅう》を施した。今も、これがゲルク派の密教の最重要典籍である。

さて、ツォンカパは、遷化《せんげ》する前年の一四一九年、セラ寺の講堂での密教の講義中、この『灯作明複註』を手に、「汝《なんじ》ら智者《ちしゃ》たちのうち、この秘密集会の継承をする気概のある者は誰か」と三度問いかけた。その際、多くの弟子は、二大弟子のギャルツァプ・ジェ（一三六四―一四三二）かケートゥプ・ジェ（一三八五―一四三八）が名乗りを上げるであろうと思っていたが、二人のどちらも名乗り出なかった。そのとき、シェーラプ・センゲ（一三八二―一四四五）が立ち上がって三礼し、応諾《おうだく》の意を示した。その志に喜んだツォンカパは、シェーラプ・センゲに『灯作明複註』と秘密集会聖者流の本尊阿閦金剛《あしゅくこんごう》の仏像を渡し、その伝承を託した。シェーラプ・センゲはこの重責を果たすため、一四三三年に密教学堂ギュメを創建し、『灯作明複註』等の密教の伝承を継承する拠点とした。これを伝授する伝統は、シェーラプ・センゲの御身代わりとされる歴代のギュメ寺管

●ギュメ寺

長によって、一九五九年のチベット動乱も乗り越え、途絶えることなく今日まで継承されている。

ただ、ツォンカパの『灯作明複註』があまりにも難解であるため、シェーラプ・センゲは、できるかぎり皆がこれを理解することができるように腐心し、『灯作明複註』自体に対しての注釈を思い立ち、遷化する前年の一四四四年に『ティカ』(Toh.No.6868)を完成させた。ツォンカパの『灯作明複註』は、『灯作明』の本文にツォンカパ自身が小文字で複注を加えているかたちで作成されているのに対し、シェーラプ・センゲの『ティカ』は先に『灯作明』本文を引用し、それをツォンカパの『灯作明複註』やケートゥプ・ジェの『生起次第《しょうきしだい》の悉地《しっち》の海』等をもとにして、内容をわかりやすく説明するかたちで構成しているものである。

ギュメ寺はこれらの『秘密集会タントラ』関係の典籍を中心とする、いわゆるサン・デー・ジグ・スム(秘密集会・チャクラサンヴァラ・ヤマーンタカの三タントラのこと)の伝統を継承するゲルク派の密教総本山である。

現在は亡命僧によって南インドのフンスールに再建され、約六百人の僧侶を擁している。セラ寺チェ学堂・メー学堂、ガンデン寺ジャンツェ学堂・シャルツェ学堂、デプン寺ロセルリン学堂・ゴマン学堂の三大寺六学堂で顕教の勉強をし、ゲシェー(仏教博士)の位を獲得した者は、その後このギュメ寺か、もしくはギュメ寺から分かれたギュトゥ寺に一年滞在し、『灯作明複註』を学ぶ決まりとなっている。この過程を経て、ギュメ寺もしくはギュトゥ寺のゲクーというギュメの決まりを厳密に守らせる生活指導の役を三か月ないし六か月務めた者のなかから、ギュメ寺の副管長がダライ・ラマ法王により任命される。ギュメとギュトゥの管長経験者が、順番に交替でゲルク派の最高位ガンデン寺座主《ざす》に就任する習わしとなっており、ゲルク派のなかでも突出した寺格の高い寺院である。

ドルジェ・ターシ師

種智院《しゅちいん》大学教授の北村太道先生にご縁をいただき、このお寺に留学したのは一九八八年であった。留学の一年目は、語学の勉強をしたが、三か月後にはギュメ寺の副管長であったドルジェ・ターシ師（第九十六世ギュメ寺管長）について、『学説規定摩尼宝鬘《がくせつきていまにほうまん》』を読んでいただくことになった。

ドルジェ・ターシ師の師匠、ロサン・ワンチュグ師（一九〇一―一九七九）は、多田等観《ただとうかん》（一八九〇―一九六七）と兄弟弟子であったそうである。まだチベット語の会話も十分でなかった私に、根気よくお話ししてくださった。因果の説明の際に、「煙があれば、そこに火が

●ドルジェ・ターシ師

あるのがわかる」というそれだけのことが、カム方言が強かったせいもあるが、なかなか聞き取れず、失礼なことであったと思う。授業中に、おそらくは何もわからない私に対しての師の優しい配慮であろうが、よく「私たち二人は……」と言うのが口癖だった。チベットのラマとしてはめずらしく雑談がお好きで、講義を聴きにいっても半分くらいは他の話だった。

日本のお線香を差し上げたら、その中に入っていた、子どもたちが雨宿りしているのを描いた藤城清治《ふじしろせいじ》の小さな絵がお気に召して、この絵を見ていると興味の尽きることがないと喜んでおられた。まさに少欲知足《しょうよくちそく》の人であった。

チベットでは苦諦《くたい》を三苦《さんく》で示す。三苦とは、苦々《くく》、壊苦《えく》、行苦《ぎょうく》である。苦々とは病気や怪我をいい、人でなくても動物でもわかる苦しみである。壊苦は一見喜びの因に見えるものが苦しみの因に変わることをいう。たとえば、買ったばかりの車はそのときは嬉しいが、数か月経てば、あたりまえになり、数年経つと、むしろ古い車を所有していることが苦痛になる、すなわちそれが苦しみの因に変わってしまうということで、これは人間だけが理解できる苦しみとされる。最後の行苦は、仏教徒だけが理解できる苦だという。

この行苦について「説明をせよ」と師から言われたため、片言のチベット語で説明したが、師は黙って聞いていて、最後に全部違うとおっしゃって、ご自分の腕を叩いて、「これだ！」とおっしゃった。つまり、業《ごう》と煩悩《ぼんのう》の結果として輪廻《りんね》の中でこの肉体を受けねばならないこと、そしてその肉体は、明日病気になるかもしれないし、元気で長生きできたとしても確実に衰えていくが、交換して新しくするわけにはいかない。この肉体をもってしか生きていくことができないこと、それが行苦だと言われ、深く合点がいった。

唯識《ゆいしき》の章を教えていただいた際には、勉強が終わって自室に帰るとき、遠くに見える山も花壇に咲く花も、私の阿頼耶識《あらやしき》に薫習《くんじゅう》された習気《じっけ》によって私にしか感じられない印象を私に見せているように感じて、いいようのない不思議な気分になったこともあった。

顕教《けんぎょう》の勉強はこうして応援していただいたが、さらに密教を勉強したいと申し出た際には、反対を受けた。毎日の成就法ができるはずがないというのが理由だった。しかし、管長のゴソー・リンポーチェの「こちらには『秘密集会タントラ』を学ぶ者はたくさんいるが、日本には一人もいないのだから、勉強させてはどうか」という鶴の一声によって許可された。最初は反対していらしたものの、管長決定で密教を学ぶことができるようになった際、「ロサン・ガンワン師は正直、私よりできる。密教を学ぶなら、せっかくだからとびきり良い先生につきなさい」と言って、ロサン・ガンワン先生に師事するように取りはからってくださったのも、ドルジェ・ターシ師であった。

ロサン・ガンワン先生を私が独占してしまったために、ギュメ寺の若手から不満の声が出たときに、「『秘密集会タントラ』を学ぶ者は、こちらにはたくさんいる。日本には宏一一人なのだから、彼を優先してやれ」と言って皆を説得してくださったこともあった。また、私に対し、「日本で自分がゲルク派の密教を一番よく知っているという慢心《まんしん》が起こってきたら、私に手紙を書いてこい」とよく言っておられた。

生前、「死に際しては準備が必要だから、ポックリ逝ったりしてはだめで、死ぬ際は、たとえばガンになったほうがよい」と冗談をおっしゃっていたが、師はこの言葉のとおり、二〇〇〇年の夏に胃ガンになった。

弟子のロサン・デレ師によると、師は自分の死が間近であることを悟り、数日前から弟子たちに『秘密集会タントラ』の読経をさせておられた。そんな師に、待ちに待った一通のファックスが届いた。ダライ・ラマ法王よりのものであった。そこには法王の署名入りで、セラ寺チェ学堂の守護尊を祈り、法王と観世音菩薩を一体と思って深く瞑想するのがよいとのメッセージが書かれていた。それをご覧になった師は、居住まいを正して、釈尊の涅槃《ねはん》の姿で横になり、死の瞑想に入られた。その際、必ずもどってくるから書斎をさわらないようにと弟子に指示をされたそうである。

師の訃報《ふほう》を聞かれたダライ・ラマ法王は、説法を中断され、わざわざ師のために祈られたという。

これが、私が経験した最初の師との別れだった。

生前、師がインド亡命の際に持って逃げてこられた小さな毘沙門天の仏像を下賜《かし》されている。ドルジェ・ターシ師の転生者テンジン・ドルジェ師がゲシェーになったら、お返ししようと思っている。

ガンワン・フントゥプ師

次についた先生が、デプン寺ロセルリン学堂のガンワン・フントゥプ先生である。

先生はゲシェー・ハランパで、ロセルリン学堂がインドに亡命した際の管長ペマ・ギャルツェン師の弟子であった。師からは百九十三日間かけて、ツォンカパの『入中論広釈《にゅうちゅうろんこうしゃく》〝密意明解《みついめいかい》〟』を伝授していただいたが、私自身の力不足で、正直十分に理解できなかった。最後の授業で終わりまで読んだあとに、ふたたび最初から数行読み返しをされたが、これは再度読む機会があるようにとの師の祈願なのであった。その祈願どおり、その後、二人の先生から伝授いただく機会を得た。

最後の授業が終わった後、師は次のように諭された。

「今回は外国のクラスのような形態で伝授をしたが、本来は最初にカタ（チベットの吉祥の絵柄の入ったスカーフ）を師に捧げ、授業ごとに三礼しなければならない。続けて勉強しようと

●ガンワン・フントゥプ師

思っているなら、次からはそうするように。また、お前はギュメ寺の施主の息子だが、私はデプン寺所属だ。私がお前を教えたのは、お前が法を求めたからだ。今後、法を説く機会があっても、報酬を求めて法を説いてはならない」

増谷文雄の『仏陀』に、論難に来た婆羅門《ばらもん》に対して、釈尊が説法をし、納得した婆羅門が供物を渡そうとすると、対価を求めて説法をするべきではないと述べ、受け取らなかったという話がある。これは供物をもらうことを禁じているのではない。対価を目的として説法してはならぬという戒《いまし》めの話である。

二千五百年の時を超えて釈尊の精神が生きていると感じ、師の言葉に感銘を受けた。そして、たった一枚しかない自分の師匠ペマ・ギャルツェン師のお写真を私にくださった。このお写真は今も師のお写真とともに私の仏間にお祀りしてある。

日本に帰国後、師の夢を見た。説法会に参加している夢で、隣の席を見たら、師が座っていた。師は私に「もうギュメ寺を離れてデプン寺にもどっているから、デプン寺のほうに手紙をくれ」とおっしゃった。目覚めて、そのことを両親に話したら、「自分の師匠を大切にしていないからそんな夢を見るのだ」と嫌味を言われたが、一週間後、師から届いた手紙には、「ギュメ寺を離れてデプン寺にもどったので、手紙はそちらにほしい」とあり、驚愕した。

師は一九九〇年のゲルク派密教問答大会では、法王から表彰を受ける十四名のなかに入っておられた。一九九七年から三年間、デンマ・ロチュー・リンポーチェに請われてニューヨークの道場で指導にあたられ、二〇一〇年にデプン寺ロセルリン学堂で遷化された。

テンパ・ギャルツェン師

次にテンパ・ギャルツェン先生のことをお話ししたい。

帰国後、勉強を導いてくれるチベット僧を捜したが、当然のことながら見つからず苦慮していた。そのとき、ダライ・ラマ法王の実兄で、当時のダライ・ラマ日本代表部連絡事務所の代表をしていたインディアナ大学の名誉教授トゥプテン・ジグメ・ノルブ代表から、東洋文庫で研究員をしていたテンパ・ギャルツェン師を紹介された。ノルブ代表は、還俗《げんぞく》前はタクツェル・リンポーチェという、ゴマン学堂を代表するラマの一人であり、テンパ・ギャルツェン先生と交流があったのである。

テンパ先生はデプン寺ゴマン学堂の元管長で、ドルジェ・ターシ師らとともに、ダライ・ラマ法王が各本山から選んでベナレスのサンスクリット大学大学院に送り込んだ第一期生だった。

●テンパ・ギャルツェン師

インドでこのことをドルジェ・ターシ師に報告したら、親指を立てて「お前はラッキーだ。得難い先生を見つけた」と喜んでくださった。

テンパ先生は、私にとっては良寛《りょうかん》さんのようなイメージの方だった。堅苦しいことがお嫌いで、インドに帰ればたいそうな扱いになるから帰らないとおっしゃっていた。管長就任以前、ゴマン学堂の管長になればたいへんなのはわかっていたので、日本でのことが忙しいということにして、なんとか管長にならずに済まそうとお考えだった。

先生はある夜、ダライ・ラマ法王が自分の頭にハンカチを落とす夢を見た。夢のお告げどおり、すぐに法王庁からゴマン学堂七十五世管長の任命書が届いたそうである。一九八六年から三年間管長に就き、その後、一九八九年に再来日された。

テンパ先生には、一九九一年から一九九六年まで五年間師事し、『入中論広釈〝密意明解〟』をすべて伝授していただいた。月に一回ないし二回、土曜日の勤務が終了する午後二時に学校を出て、東京の西ヶ原の先生の下宿に六時過ぎに着き、チベット料理の食事をいただいてから午後十時まで伝授をしていただき、翌日、午前十時に到着して、午後三時、あるいは四時まで教えていただくという感じであった。

先生はチベット料理がお上手で、モモという肉餃子を毎回振る舞ってくださった。皿に盛られたモモの数が二人にしてはあまりに多いので、「これを二人で食べるのですか」と伺ったところ、それはお前の分だとおっしゃる。最初のころは頑張って食べていたが、胃腸の丈夫でない私は毎回お腹を下してしまう。手洗いからもどってくると、先生が心配して大丈夫かと訊いてくださるが、大丈夫だと言うと、「そうか、ではしっかり食べなさい」ということで、たいへんだった。その後だんだん知恵がついてきて、容器を持参して「あまり美味しいので、持って帰って家族で分けます」とお答えして、その場をしのげるようになった。

テンパ先生はインド亡命までの十二年間、師匠のガンワン・チューダク師に師事したそうで、そのときにチベット料理の作り方を師匠より指導されたようである。ちなみにこの師匠はテンパ先生が亡命する際、お籠《こも》り行の最中だったので、「私はインドに行けないが、お前はインドに亡命せよ」と下命された。ガンワン・チューダク師は、テンパ先生が休むときはまだ起きて勉強されていて、朝起きたらすでに起きて朝のお勤めをされているという日常で、十二年間、ついに一度も横になって寝ている姿を見たことがなかったという。「寝床があるので、寝るのは寝ていたはずだが」とおっしゃっていた。

また、テンパ先生自身、鉱石を食べて他の食物は口にしないという行に挑戦し、最初の一週間は苦しかったが、その後はいくらでも大丈夫になり、期間の三か月を成満《じょうまん》したそうである。一九九六年、テンパ先生が三年三か月のヤマーンタカ一尊法《いっそんほう》のお籠り行をするため、インドに帰国される際、先生から自分の守護尊であるハモ尊（ハモ・マースンマ）のタンカ（掛軸）を頂戴《ちょうだい》した。このハモ尊はガンデン寺ジャンツェ学堂の守護尊で、ロサン・ガンワン師の守護尊でもあり、後に私の家にガンワン師が来られたときに、「ここにハモ・マースンマがいらっしゃ

ると は、不思議なご縁だ」とおっしゃっていた。

先生は、加行《けぎょう》が成満したのち、二〇〇一年に広島の文殊師利《もんじゅしり》大乗仏教会会長に就任するため、ふたたび来日された。広島にいらしてからはあまりお邪魔できず、ご無沙汰している間に、二〇〇七年に脳出血を患い、半身麻痺になってしまわれた。二〇〇八年に帰国される際、長い間の不義理をお詫びするために関空まで挨拶に出向いた。詫びる私にテンパ先生は、「お前はギュメ・ケンスル・リンポーチェ（ロサン・ガンワン先生のこと）の闘病のお世話をしてくれているではないか。私は、毎週お前が広島に訪ねてくれるのと同じくらい、喜んでいるのだよ」とおっしゃってくださった。

二〇〇九年にデプン寺にご挨拶に行った際、ヤマーンタカ一尊法の生起次第と究竟次第の典籍を拝受した。そして二〇一二年、ゴマン学堂で遷化された。

ロサン・デレ師

ロサン・デレ師をはじめて知ったのは一九八八年、ギュメ寺に留学して三か月経ったころである。そのときのチベット語の先生ケルサン師に誘われ本堂に行ったら、ちょうどゲシェー方が問答をしているところだった。窓の外から本堂で問答をする一人の僧侶を指して、「あれが入中論先生だ」と教えてもらった。そのとき師は痩せておられたので、失礼な話だが「あんな貧相な方ではないだろう。もう一人の恰幅のよい方ではないか」と思ったりした。しかし、その貧相な方が〝入中論先生〟ロサン・デレ師なのであった。

　師は幼いときから『入中論』に興味があり、すぐに『入中論』をすべて暗記したので、兄弟子たちが「入中論」というあだ名をつけたという。ドルジェ・ターシ師の弟子であったこともあり、無理をいって『入中論広釈〝密意明解〟』全体の三分の二を占める第六章を、七十日あまりかけて読んでいただいた。後にテンパ先生に『〝密意明解〟』を読んでいただいたとき、デレ師の解釈通りに説明したら、「えらく深い読みができている」と何度も感心していただいたが、今となっては笑い話である。

　ガンワン師が遷化された後、ギュメ寺の第百一世管長を退任されたデレ師に師事させていただいた。二〇一〇年に日本に初来日された際、ちょうど法王も来日されていて、大阪のハイアットリージェンシーで師とともに玄関で法王をお待ちしていたら、法王がお気づきになってお声がけいただいた。法王が「いま何を読んでいるのか」とお尋ねになられたので、ツォンカパの秘密集会の『灌頂意義真実妙明示《かんじょういぎしんじつみょうみょうじ》』ですと

●ロサン・デレ師

お答えしたところ、法王はデレ師に「それなら、ナーガボーディの『秘密集会曼荼羅儀軌《まんだらぎき》二十』と、ダライ・ラマ七世ケルサン・ギャムツォの『灌頂意義真実再明示』を併《あわ》せて読んで伝授するように」と指示された。師にとっては膨大な量を読んでの伝授となり、朝から晩まで予習されて申し訳なかったが、ロサン・ガンワン師と変わらないほどの素晴らしい伝授であった。

私の場合は、チベットのラマは皆、私のマンションの部屋で一緒に生活していただくようにしている。家内はたいへんだが、一緒にお食事をする際に先生方がされるさまざまなお話はとても勉強になる。

印象深い一例を紹介すると、職人の親方と弟子の寓話がある。

職人の親方に弟子が、「たまには気分転換に森に出かけましょう」と言うが、親方は「仕事が終わってからだ」と答える。何度か同じやりとりがあったが、親方の答えはいつも同じだった。あるとき二人は葬列に出くわす。親方は弟子に「あれは何だ?」と訊ねると、弟子は「あれですか。あれは仕事が終わって森に行くところです。」と答えたという。

この話の眼目《がんもく》は〝仕事は死ぬまで終わらない〟ということだ。『徒然草』の四十九段に「老い来りてはじめて道を行《ぎょう》ぜんと待つことなかれ」という言葉があるが、死はいつ訪れるかわからない。自分で意識して時間をつくって仏教を勉強しないと、結局せずに終わってしまうという話だ。コミカルだが、なかなか真理を突いている。

また、自分の大師匠のロサン・ワンチュグ師は、経典にある「[禅定《ぜんじょう》に]とどまるなら不動の須弥山《しゅみせん》のごとく、［禅定から］出るならすべての善の対象に入《い》る」という文句の本来の意味は〝禅定にとどまるときは須弥山のごとく動かず、禅定から心を外に向けるなら、すべての善なる対象に向かう〟という意味だが、お寺に入ったばかりの未熟なワンチュグ師はその文を、「お寺にとどまれば良いが、お寺から出たら、すべて勝手な者になってしまう」という意味だと勝手に解釈して、長期の休みになって他の僧侶は家に帰っても、ひとりセラ寺に残り修行を続けた。帰宅した新入りの僧侶の多くは里心の誘惑などで脱落しまったが、修行が一番しんどくて未熟な時期を、師は里心がつくことなく、たやすく乗りきれたという。この話をして、師匠のロサン・ワンチュグ師は、「お経はお経自体に、われわれ凡夫《ぼんぶ》でははかり知れない功徳がある」とよくお話しになっていたそうである。

インド亡命後、ツォンカパの究竟次第のテキスト『五次第を明らかにする灯明』の説法会があったとき、まだ十代であったデレ師は、『秘密集会タントラ』に関心がなかったため欠席しようとしたところ、ロサン・ワンチュグ師は、他の若い僧たちには中観《ちゅうがん》等の顕教の勉強に専念することを許したが、デレ師には許さなかった。そのときワンチュグ師から、「仏教の典籍の力を侮《あなど》ってはいかん。密教の習気を置くために必ず聴聞《ちょうもん》するように」と言われたという。これは、ドルジェ・ターシ師の問答での「死への過程の朗読を聴くだけでも、密教の習気を置くことになる」という話と共通する。きっと期待されていたからであろう。師匠はデレ師に対してのみいつもきわめて厳しく、デレ師はなんで自分だけがと思い、悔し涙を流したそうである。

しかし、その師は最晩年のわずかな期間のみしか、ヤマーンタカ十三尊の生起次第の成就法をしておられなかったという話を聞いて、「成就法は毎日続けなければならないはずなのに……」と私は不審がった。それに対してデレ師はすぐに、「自分の師匠はすでにかなり高い段階にあったと確信している」とお答えになった。

生起次第は高い境地に至ると、曼荼羅や本尊すべてが瞬時に現前してありのままにあるように観想でき、最初から最後まで念誦《ねんじゅ》しなくてもよいようになるとはいわれるが、毎日寝食を共にしていた弟子が師匠のことをそれほどの境地に至っていると確信するのはよほどのことであり、チベット密教の奥深さを感じた。

また、デレ師はきわめて真面目で勉学に一筋であったため、一九五九年のチベット動乱で中国軍の攻撃に曝された際、セラ寺の不良で乱暴者だった僧がデレ師のところに寄って来て、「お前ほど勉強熱心な者は必ず仏様が守ってくれるだろうから、お前のそばにいれば爆弾は落ちてこないはずだ。近くにいさせろ」と言って、離れなかった。この不良僧も無事にインドに亡命することができ、その後も皆に恐れられたが、デレ師には「お前にはあのとき世話になったから」と、なにかと親切にしてくれたという。

昔から高野山には「麓の修行より高野の昼寝」という言葉がある。これは、高野山にいると高僧の何気ない話でも大いに勉強になるという意味だが、デレ師のお話を拝聴しながら、これこそがそれだと感じた。

師からは、ギュメ寺で現在も年中行事として伝授されている、タグポ・ナムカタの『秘密集会タントラ』聖者流の生起次第と究竟次第、チッタマニターラの生起次第と究竟次第、ヤマーンタカ一尊法の生起次第と究竟次第、『入菩薩行論』第九章などを伝授していただいた。師は二〇一四年にセラ寺チェ学堂の管長に任命され、二〇一九年には清風学園で『秘密集会タントラ』の灌頂を勤修していただいた。

私の恩師のなかで、現在も御存命の唯一の方である。

ロサン・ガンワン師

最後に、私の根本ラマであるロサン・ガンワン師のお話をしたい。

インドのギュメ寺で『秘密集会タントラ』の勉強が許可された際、親しくしていたゴソー・リンポーチェ管長の随行のゲツォ師に相談したところ、「『秘密集会タントラ』をやるなら、あの頬がくぼんでいるゲシェー（仏教博士）が有名だよ。その人に学べるよう、私からも管長

●ロサン・ガンワン師

にお願いしてあげよう」と推薦されたのがロサン・ガンワン師で、ギュメ寺からも正式に申し込んでいただいた。この年はたまたま、ダライ・ラマ法王がゲルク派の各本山に呼びかけられ、高僧が密教の修行のためにギュメ寺に集った年だったのである。

　ガンワン先生は、一九三七年生まれ。ラサ近郊の村の出身で、十五歳でガンデン寺ジャンツェ学堂ファラ学舎にいた叔父のロサン・テンパ師のもとで出家をされた。三頭のヤクを連れて父親と一緒に叔父のところへ出向いたそうである。叔父さんには五人の弟子がいたが、よくできたガンワン先生をことのほか可愛がったという。

　二十三歳の一九五九年、ガンワン先生と師匠は二人でダライ・ラマ法王を追って、中国軍の銃弾をかいくぐりながらガンデン寺を脱出し、七か月かけてインドに到着した。途中、雪の中で、空腹に苦しむガンワン先生が、師匠に中国軍への投降を提案したが、師匠は「私はもう歳で老い先短い身だ。しかしお前には未来がある。『般若経』に、中央で栄えた仏教は南に行き、その後北に行き、やがて中央にもどり、世界に広がるという趣旨のことが述べられている。南はナーガールジュナを中心にした大乗仏教のことで、北はチベットだろう。やがて中央にもどるとは、今回、法王様がインドへ亡命されたことを指すはずだ。仏教は、法王様によって必ず世界に広がるはずだ。お前はその御手伝いをさせていただくのだ」とガンワン先生に言い聞かせたため、先生も俄然やる気が出て、インドへ必ずたどり着こうと決意も新たにしたという。師匠はインドへ到着してすぐ、気候や食事が合わず、遷化されたが、先生は使命感に後押しされ、必死で修行に励まれた。

その甲斐あってか、ゲシェー位を獲得する以前から、六学堂対抗問答大会にジャンツェ学堂代表として何年にもわたり出場をはたしている。

ガンワン師が体調を崩してダラムサラで休養した際には、法王がわざわざ法王のお部屋にお呼びになり、歴代ダライ・ラマの念持仏であるハモ尊の巻物をガンワン師の頭に載せて、法王自ら祈念されたという。法王が特に眼をかけておられる僧侶として、皆からの羨望《せんぼう》もあったが、その期待に応えるべく師自身もいっそう励まれ、一九八五年にはガンデン寺でゲシェーの最高位ゲシェー・ハランパを獲得された。

その年、ガンデン寺ジャンツェ学堂代表としてゲルク派の問答大会に出場した先生は、セラ寺やデプン寺の代表などをおさえて堂々の一位を獲得し、ダライ・ラマ法王に謁見《えっけん》を許される。その際に、法王から進路について、「今しばらくギュメ寺には行かず、ガンデン寺にとどまるように」と言われ、そのままガンデン寺でお過ごしになっていた。しかし、この一九八九年、法王からギュメ寺へ行くように下命が出された。本来はギュメに行ける年限は越えていたので、ドルジェ・ターシ副管長は最初入山を拒否したが、ロサン・ガンワン師だとわかって、「ガンワン先生ならば話は別だ」ということで受け入れた。

ゲルク派を代表する学僧として評判の高かったロサン・ガンワン先生は、ギュメ寺の僧侶たちの間でも憧れの対象で、私がガンワン先生につくことに異議が出されたりした。しかし管長決済が出たあとは、副管長がむしろ積極的にそうした不満の声をおさえる側に回って、「ガンワン師は自分よりできる阿闍梨だ。時間を無駄にせず、しっかり頑張れ」と言ってくれた。

ガンワン先生の一回目の講義は、講義ノートを繰ると、一九八九年七月十日のことであった。最初に先生が無上瑜伽タントラの灌頂を受けたことがあるか否かを確認されたのを覚えている。講義は午前十時から一時間半の約束であったが、一時間半の予定が三時間以上に及ぶこともたびたびで、予習が切れると先生はとても不機嫌になるので、私は講義の時間以外はほとんど予習に費やした。

ギュメ寺でダライ・ラマ法王の命によるパルン・リンポーチェのラムリムの大説法会があったことがあった。期間は二週間で、朝九時から夕方五時までギュメのすべての僧が参加を義務づけられた。私が、さすがにこの期間は無理かと思っていると、先生は七時過ぎに来て、九時ぎりぎりまで講義をしてくださった。百三十日間かけて、ヤンチェン・ガロの『秘密集会サ・ラム』と『基本の三身の構造をよく明らかにする灯明』、パンチェン・ラマ一世ロサン・チョゲンの『五次第の心髄』『生起次第の心髄』、アク・シェーラプ・ギャムツォの『秘密集会タントラ聖者流の究竟次第註』などを読んでいただいた。

一九九〇年にダライ・ラマ法王臨席のもと、セラ寺で実施された密教の問答大会には、ギュメ寺で学んだことのあるすべてのゲシェーが参加したが、先生はここでも堂々の一位であった。問答の前の晩に対戦相手が部屋に来て「明日、何をテーマに問答するか教えてくれるまで帰らない」と言ったので、教えてやったとおっしゃっていた。

一九九六年にダライ・ラマ法王からギュメの副管長に指名され、その後第九十九代管長に就任し、二〇〇二年に任期を満了され、二〇〇三年に日本に招聘させていただいた。このとき、一九九六年に副管長に就任される前から徐々に読んでいただいていた、ツォンカパの『秘密集会タントラ』究竟次第の注釈『五次第を明らかにする灯明』を読んでいただこうと思ったが、数年前から見当たらない。ガンワン先生からも「『五次第を明らかにする灯明』を読もう」と言われたが、失くしたとも言えず、困ったあげく、もう一部持っていたので、「最初から読んでいただきたいんですが」と言うと、先生は「じゃあ、最初から読むか」とおっしゃってくださった。読み出して途中で、先生がアーリアデーヴァの

●ダライ・ラマ法王（中央）とロサン・ガンワン師と平岡宏一氏。（2001年撮影）

てもスムーズにいたします。『行合集灯《ぎょうごうしゅうとう》』を用意せよとおっしゃったので、部屋の経典の下の段ボールの中からそれを取り出した。それで、段ボールの上に経典をもう一度積んでいったら、なんと一番上に、何年捜しても見つからなかった『五次第を明らかにする灯明』が載っていた。ガンワン先生にこれを正直に話すと、「埋蔵経典とはそういうのをいうのだ。今回、『五次第を明らかにする灯明』を読み切ることができるだろう」とおっしゃって、そのお言葉どおり、三か月かかって、無事すべて伝授していただいた。

私はインドから帰国する際、ギュメ寺の本堂で、生涯で『五次第を明らかにする灯明』とギュメ寺の創建者シェーラプ・センゲの『灯作明複註』自体に対しての注釈『ティカ』を伝授していただく機会がありますようにと祈願したが、そのうちの『五次第を明らかにする灯明』の伝授は終わったので、次に『ティカ』をお願いしたところ、ガンワン先生からは、先にケートゥプ・ジェの『生起次第の悉地の海』を読むほうがよいと言われた。ギュメ寺滞在中に、ドルジェ・ターシ師が「『生起次第の悉地の海』は手に負えない。とても難しい」とおっしゃっていたのを思い出して、先生に尋ねたが、ガンワン先生は「『五次第を明らかにする灯明』をすべて読んだ今、曼荼羅の描き方のみ複雑だが、あとはそんなに難しくないはずだ」とおっしゃる。実際、伝授していただくとその通りであった。そして二〇〇五年にすべてを伝授していただいた。

この年にダライ・ラマ法王に京都駅で謁見した際、法王は私に「成就法を毎日行うように」と仰せられ、私は「いたします」とお答えした。謁見が終わったあと、ガンワン先生からは「そう御答えした以上、必ず実行しなければラマを欺いたことになる」と言われ、二〇〇五年五月八日に毎日の勤修《ごんしゅ》を開始した。この日より今日まで十七年以上、一日として途切れることなく毎朝勤修している。最初は二時間近くかかったが、現在は約三〇分で一座できるようになった。

日本には五回、ガンワン先生を招聘させていただいたが、来日時も、私への講義は先生が疲れるまで五時間ぐらいは普通で、ときには七時間続いた日もあり、私のほうが身がもたなくて突発性難聴になったことさえあった。私は二〇二二年に高野山大学の客員教授に就任したが、集中講義では、短い日で四時間半、長い日で七時間半講義するとへとへとになる。私の場合はもちろん休憩や昼休みを入れてのことであるが、それでも体力的にはそうとうきつい。だから、当時七十代にかかっておられた先生は、今の私以上にきつかったはずで、今から思えば、日本人の私によくぞそこまでしてくださった、ほんとうにもったいないことであったと改めて思う。

さて、私が生まれた時期が先生の師匠が亡くなって約十か月後であることや、数ある密教経典のなかで、師匠が生涯信仰していた『秘密集会タントラ』を私が特に学びたがったことなどから、一九九六年ごろからガンワン先生は、私のことを自分の師匠の生まれ変わりではないかと言い出されるようになった。前述のように、その師匠はガンワン先生の叔父にあたる。勉学が特にできたというわけではないが、亡命の途中もずっと秘密集会聖者流の成就法を続けていたほど、『秘密集会』を生涯大切にされた方であったという。先生が何度も言われるし、そのせいかガンワン先生の宿舎の僧侶たちまでが皆そう言うので、自分でもそうなんだろうかという気になったりした。しかし真偽はともかく、ガンワン先生がそうお考えになったために、外国人であるにもかかわらず、私を異常に大切にしてくださり、また頼りにもしてくださることにもなったのである。

二〇〇七年の正月、ギュメ寺ではダライ・ラマ法王の生起次第の説法会が予定されており、その説法会に先立って法王が『秘密集会タントラ』の灌頂を授けられることになったので、先生からぜひ来るようにとのお誘いがあった。くるくる変わる法王のスケジュールを調べて、先生は何度もインドから電話をくださった。このとき、法王の灌頂には約八千人の僧侶が集まった。法王の左手には最上席が設けられ、そこに座るのは『秘密集会タントラ』に詳しい者と決まっている。法王が灌頂中にお尋ねになる質問や疑問にすべてお答えしなければならないからである。現在の第百四世ガンデン・ティ・リンポーチェ、ロサン・テンジン師も参加されていたが、高僧同士で相談した結果、その席はなんとガンワン先生に決まった。法王がガンワン先生と楽しそうにお話しされながら灌頂を進められる様子は、弟子として、今も誇らしく思い出される。

灌頂のあと、いつものように私のために講義してくださることになったが、講義を始めて一時間ぐらいで、今日は止めにしようとおっしゃる。様子がおかしいので、病院に行くことを強くお願いした。私の帰国後、末期の胃がんと診断されたと連絡が来た。

手術はボンベイの病院で行われ、インド有数の名医によって無事成功したとの連絡を受けたが、不安があったので、私は日本での再検査を勧めさせていただいた。術後三か月であったので、弟子たちは反対したが、ガンワン先生ご自身の強い意志により来日することが決定する。私と家内に命を預けていただいたことに身の引き締まる思いだった。

そして、日本でPET検査をした結果、胃がんが肝臓に転移していることがわかり、手術は無理で抗癌剤の治療ということになった。

がんが奇跡的に回復したという話をときどき聞くが、私はそれぞれの人に、それぞれ最適の治療法があり、そこにちゃんと遭遇できれば必ず助かるはずだと考えていた。要は、残された時間内にその方法に到達できるか否かが鍵なのだと。

いい病院があると聞けば、家内と相談してガンワン先生をお連れしてどこでも行き、自分の勘で信じるに値すると思ったことは気功や漢方など何でもやってみた。最終的には力及ばず、残念な結果となったことは慚愧《ざんき》に耐えない。

●ロサン・ガンワン師

しかし、先生と過ごした最後の二年間は、生涯忘れることのできない時間として心に残っている。

先生は、少しでも元気な日は『秘密集会タントラ』の講義をしてくださった。ギュメ寺を創建したジェツン・シェーラプ・センゲが著した、『秘密集会タントラ』全十七章の注釈である『ティカ』は、ギュメ寺の特別の寺宝とも呼べるものであったが、なぜか本堂で管長が講義する正式な伝授は、第八章のはじめの「心に歓喜《かんぎ》を生ずるごとく」というセンテンスまでしかなかった。おおよそチベットの仏典であれば、どれでも師子相承《ししそうじょう》により伝える伝統となっている。おそらくは、経典がまだ文字にされなかったころの〝聞持《もんじ》〟する伝統に則《のっと》ったものだと思われるが、師匠から読み聴かせてもらう「ルン」という口伝《くでん》の儀式を重要視しているのである。『ティカ』も、シェーラプ・センゲが最初に講義したのち、師子相承で伝わってきたのであるが、本堂で第八章の最初までしか伝授しないため、またインドへの亡命という混乱も相俟《あいま》って、あとは各自で自習するしかないという、『ティカ』発祥の本山ですべての口伝がそろわない異常事態となっていた。当時管長だったガンワン先生はこれを憂えて、インドに亡命している僧のなかでデンマ・ロチュウ・リンポーチェが、パリ・ドルジェチャンという、ヤマーンタカ一尊法の伝承者にも名を連ねる名跡《みょうせき》の大学僧からこの口伝を受け継いでいることを突き止め、ギュメ寺に招いて口伝を受け、『ティカ』のすべての口伝をギュメに甦《よみがえ》らせたのであった。

そして、まったく意図していたわけではないが、ガンワン先生の病気療養の御手伝いをさせていただくことになったため、『ティカ』の正式の継承者から全体の伝授を受けるという、ゲルク派の僧侶垂涎《すいぜん》の機会に恵まれることになったのである。

二〇〇八年の五月末にすべての伝授が終了したので、六月は先生の指導で『秘密集会タントラ』の加行をさせていただいた。毎朝四時半に起きて、一日に、短い日で六時間、長い日で九時間、三座から四座の修法をし、最終的にギュメ寺で、秘密集会三十二尊に因《ちな》み三十一人の職《しき》衆《しゅ》に出ていただいて護摩《ごま》を焚《た》かせてもらい、行を成就することができた。護摩を焚く際には無言でやる必要があるが、護摩の供物を炉に入れる際の真言やタイミング、また最後に供物をすべて護摩炉に入れる際の器の持ち方、新たな資具を受け取る際にペーコルという印を使う所作や、はては先生がギュメ滞在中に副管長のドルジェ・ターシ師が供物と一緒に誤って炉の中に金剛杵《こんごうしょ》を落として困っているのを見た経験から、金剛杵を輪ゴムで手に結んでおくことまでを、微に入り細に入り教えてくださった。

おかげで護摩行が終わったとき、ギュメ寺の僧侶から、護摩を焚くのがとてもはじめてとは思えないと言ってもらえたのである。行がすべて終わったとき、先生があんまり喜んでくださったので、家内が先生の喜んでいらっしゃる御姿を残しておこうとカメラマンを手配したほどであった。

また、ガンワン先生との日常生活で驚かされたのは、心の安定であった。以前、法王がインタビューで、「いつも心の奥底は風の吹いていない水面のように一定だ」とおっしゃったのを聞いたことがあるが、ガンワン先生もまさにそんな感じであった。無論、病状が悪化するにしたがって寝られない夜もあったと随行のチューロ・リンポーチェに聞いたが、情緒が乱れたり、われわれはもちろん、随行のリンポーチェにあたったりするようなことは一度もなかった。

また、ある方のご紹介で岐阜の有名な気功師のもとを訪れたときに、先生はこうおっしゃった。「善いことも悪いことも、皆、多くの因と縁によって発生している。悪いこともその本質は〝空〟。因果関係を超越して存在しているわけではない。自分の悪いと思っているその出来事も、たくさんの条件、縁によって成り立っている。だから、悪いことが起きているとき、多くの新たな善いご縁を頂戴していかなければ、ものごとは好転していかない。こうやって皆さんのおかげでよいご縁を集めることができれば、悪い事態も必ず好転していくはずだ」と。この話をお聞きしたとき、先生のお話は病気だけでなくすべてに通じることだと感じた。

また、ダライ・ラマ法王の教育係であったリン・リンポーチェの転生者がわざわざ病院にお見舞いに寄ってくださったことがあった。ガンワン先生は、現在のリン・リンポーチェが出家する際に立ち会い人を務められた関係である。せっかく、韓国から日本に立ち寄ってお見舞いに来てもらったにもかかわらず、「若いのに海外に出ているときではない。しっかりインドで勉強する時期だ」と、ベッドの上で、ほんとうに病気なのかと思われるほどの威圧感で大説教をされたのには閉口したが、リン・リンポーチェの将来をお考えでのことだろう。帰りがけに、まだお若かったリン・リンポーチェは「韓国から招聘されたから行ったので、こちらから行きたいと言ったわけではない」と私に一生懸命言い訳された。しかし現在は、ガンワン先生の期待どおり、二十一世紀を代表する僧侶におなりになっている。

また、日本での治療をあきらめ、帰国が決まったとき、帰国前にどうしても教えておかなればならないことがあるとおっしゃって、自灌頂《じかんじょう》を一緒にしていただいた。自灌頂とは、秘密集会の加行を終えた者が自分で自分に灌頂をすることで、三昧耶戒《さんまやかい》の違反の浄化など、実際に灌頂を受けなければ得られない功徳を得ることができる。先生は、五百ページ以上ある自灌頂の儀軌をすべて暗記されていて、次第をほぼ見ずに伝授していただいた。この行を伝授して、最後に「お前には、私が灌頂を授け、生起次第と究竟次第を伝授し、秘密集会根本タントラについても必要なものはすべて伝授した。私はお前の〝密教の三つの恩を備えたラマ〟となった」とおっしゃった。

ガンデン寺ジャンツェ学堂本堂での『秘密集会タントラ』聖者流の成就法の伝授は、ガンワン先生の病気の関係でついに行われることなく、教え子たちは皆ゲシェーになるための顕教の勉強のみをしてきて、まさかガンワン先生がこんなに早く遷化されると思っていなかったため、結局、秘密集会を私一人だけがすべて伝授していただいたことになってしまった。

だが、私は多くの伝授をDVDに記録していた。ギュメ寺第八十六世管長ロサン・ドゥントゥプ師の転生者でガンワン先生が教育係を務めたナムタ・ケントゥル・リンポーチェから、「私たちに必要なものなので寄贈してほしい」と言われ、ガンワン先生から受けた密教関係の伝授のDVDはすべて、ガンデン寺ジャンツェ学堂ファラ学舎に提出した。このナムタ・ケントゥル・リンポーチェはゲシェーとなり、ギュメ寺での密教の修行も終えてゲクー（生活指導責任者）の順番待ちであったが、残念ながら二〇二〇年、コロナのため四十四歳で遷化した。

二〇〇八年の十二月、先生の病状は悪化し、日本での治療も限界となった。先生も強く帰国を希望されたので、私と家内でインドのお寺まで送っていくことにした。

到着した日のガンデン寺は、六年に一度の大法要の日であった。夜、問答に聞き入る約五千人の僧侶の外側を先生とわれわれで散歩し、ベンチに腰かけたとき先生が私と家内に、「来世、日本人に生まれるとか、チベット人に生まれるとかは考えなくてよい。今世と同様、来世もまた仏教と深いご縁があるように祈願しなさい」とおっしゃったので、その場で先生と一緒に祈願した。その夜が、先生と過ごした最後の夜となった。

帰国してから、元旦に電話があった。「お前は仕事のことばかり考えているだろうから、元旦くらいは楽しいことを考えろ」と先生はおっしゃった。体調はあまり芳しくないようであった。リンポーチェがあとで、「妃女（私の家内）が食事に十分配慮してくれていたから、日本にいたときは心配が一切なかった。むしろ問題はインドにもどってからだった」と言ってくれたが、帰国後は食事がほとんど進まなくなっていたらしい。

一月十三日には容態が悪化した。足の腫れがひどくなり、遠くへ歩行することは困難で、部屋の周りをうろうろするくらいの状態となり、「足の腫れについて、何かよい方法はないか、穴井先生（当時四天王寺病院に在籍されていた奈良県立医科大学招聘教授穴井洋先生。師の主治医であった）に相談してほしい」との連絡が、ガンワン先生ご自身から入る。穴井先生と相談して、日本からリーバクトという薬を送った。

一月二十九日、朝十時に弟子を集め、以下のように遺言をされた。

①病気が進んで日々の成就法がいよいよできなくなってきたので、これ以上、生かすための努力は必要ない。
②宏一と妃女にお礼を伝えてほしい。
③私が遷化したあとは、『秘密集会根本タントラ』を唱えてほしい
④高僧が遷化すると宝冠などの菩薩の装束を着けるが、あれは世八法《せはっぽう》だからやめてほしい。私の供養のために仏像をつくることは不要。
⑤私のための仏塔は必要ない。私の骨は、海や山に撒《ま》いてほしい。
⑥兄は私の死を受け入れられないかもしれないので、私に世話になったと感謝してくれているなら、兄の面倒を見てほしい。

弟子たちがガンワン先生に、われわれが見つけやすい場所に転生してほしいと言うと、先生は「自分は来世も人間に生まれる確信がある。皆のお役に立つと思うなら、私の転生者を捜し

てもかまわない」とお答えになった。

　そしてその夜八時、テントゥプというチベット麺のお食事を少しだけ召し上がり、その後、毎晩ガンワン先生の部屋に泊まっていたリンポーチェを呼んで、袈裟《けさ》を掛けてくれるように言われた。死装束《しにしょうぞく》だと思ったリンポーチェは抵抗したが、ガンワン先生は「これは止めるようなことではない。世間体のことを気にして言っているのでもない。自分の生涯は、釈尊のあとに続く比丘《びく》としての生涯であった。それに対して誇りを感じている。自分は、釈尊の比丘としてのこの誇りを胸に、最期の時を迎えたいのだ」とおっしゃった。袈裟をお掛けしたら、その最期の時まで時間を要しなかった。九時四十五分に大きく息を吸い込んで、そのまま逝かれた。

　リンポーチェの言葉を借りると、「子供が実家に帰るような、自分の故郷にもどるような」静かな静かな最期だったという。

　先生が亡くなったあと、早稲田大学の石濱先生と電話で話をしているときに「平岡さんに予兆はあった？」と聞かれたので、予兆はなかったが一週間以内に必ず夢に現れるような気がしていると答えた。

　はたして、先生の葬儀のためにインドのバンガロールに到着した夜、夢にガンワン先生が出てこられた。われわれのために僧房で葬儀での食事等の準備をしてくださっている夢だった。夢の中でガンワン先生は、〝遠いところを、忙しいのによく来てくれた。来られるだろうかと思っていた〟とたいへん喜んでくださっていた。驚いて起きてしまい、眠っていた家内を起こしたりして悪かったが、私には、先生が最後のお別れにいらっしゃったような気がした。

ガンワン先生が遷化されたあと、家内が先生との闘病生活のことを一冊の本にした。これをダライ・ラマ法王にお渡ししたとき、法王は口絵の写真を見て、落涙された。そのとき、同行していた私の父が「年老いた僧が亡くなることは悲しいことです」と申し上げたら、法王は「年配の僧が遷化したから悲しんでいるのではない。類まれなる学僧が遷化したから悲しんでいるのだ」とおっしゃった。法王は家内の本に「意楽《いぎょう》と信心と三昧耶（密教戒）に専心した、ケンスル・リンポーチェの治療時のエピソードが著されたことを感謝いたします。釈尊の比丘ダライ・ラマが永き善業となるように、三宝《さんぼう》への帰依と祈願を込めて」とメッセージをくださった。

ロサン・ガンワン先生は、ほんとうに仏教一筋でいらっしゃった。私は先生から多くのことを教わったが、一番大きなことは、仏教に対する向き合い方を教わったことだと思っている。

ギュメ寺ですべての伝授が終わったとき、私は先生方に僧衣を献上したが、どの師も、「仏教で商売をするようなことになってしまった」と言ってたいへん恐縮された。

当時は、ギュメ寺で講義するゲシェーに月給を支払う習慣はなかった。優秀なゲシェーが海外に流出することが続き、還俗《げんぞく》する者も多くいた。人材確保のため、ギュメ寺でも十数年前から月給を払ってゲシェーを確保するようになった。それはやむをえないことである。私が留学していた当時は、ギュメ寺ではまだ、携帯電話はもちろん、ラジオさえ部屋に置いている者はなかったように記憶している。海外に行くようなゲシェー等の高僧もまだまだ少なかった。電話は前もって予約しても、かかるとはかぎらず、日本から電話がかかってくれば大急ぎで寺の事務所に行き、途切れ途切れに聞こえる声にこちらも大声で応じるといった状態で、私の印象としては、寺の中は六百年前にシェーラプ・センゲが創建したときとほとんど変わっていないようにさえ感じられた。

私が教わった先生方も皆、本気で悟ろうとして、ひたすら釈尊の経典のなかの世界に没入しているような生活を送っておられたが、その日常の過ごし方には釈尊の息吹が感じられ、目から鱗《うろこ》が落ちるような思いがすることがたびたびあった。

先生方のことを思い出すままに書かせていただいたが、ご恩を受けた先生方はほとんどが遷化された。しかし、教えていただいた仏教は確実に、私の人生に影響を与えている。私が受けた教えを、ラマ方の息吹を、一人でも多くの方々にお伝えすることが私の役割だと思っている。

最後に、ギュメ寺に導いてくださった種智院大学名誉教授の北村太道先生、そして私を『秘密集会タントラ』に導いていただいた恩師の松長有慶博士、この書が世に出る最初の機会をつくってくださった早稲田大学大学院教授の石濱裕美子先生、毎回出版にあたり助力いただくサマヤプロジェクト21の湯通堂法姫さん、勉強会の松尾佳美さん、三木治子さん、そしてこの書をふたたび世に出すべくたいへんな尽力をいただいた学研の増田秀光様には心から御礼を申し上げます。

● 2013年4月6日、ダライ・ラマ法王は、ロサン・ガンワン師の生まれ変わりがネパールに出現したという通知を発した。そして、探索の結果、2010年生まれのひとりの少年が特定された。現在、少年はガンデン寺に迎えられ、ガンワン師の弟子たちのもとで幼僧として養育されている。2014年に平岡氏が会いに行った際、まだ3歳だったが、壁にかかっている写真(237ページ)を指して「法王さまと私とあなた」と平岡氏に言ったという。

参考文献

◎「ゲルク派小史」ツルティィム・ケサン（立川武蔵編『講座仏教の受容と変容3　チベット・ネパール編』p.71～106）佼成出版社
◎『パンチェン・ラマ伝』（p.308～314）ジャンベン・ギャツォ著　池上正治訳　平河出版社
◎『聖者流吉祥秘密集会三十二尊の灌頂の継承と我生起を大秘密吉祥ギュメタザンの伝統教学にしたがって著したもの』（ギュメ全集第一巻P.17～75）
◎『タントラの王吉祥秘密集会の口訣〃五次第を明らかにする灯明〃』（略称『五次第を明らかにする灯明』）ツォンカパ　TohNo.5302
◎『五次第一座円満赤註』ツォンカパ　TohNo.5314
◎『入中論広釈〃密意明解〃』ツォンカパ　TohNo.5408
◎『ナーローの六法三信具足』ツォンカパ　TohNo. 5317
◎『一切タントラの王吉祥秘密集会の口訣〃五次第を明らかにする灯明〃の心髄要略甚深なる意味を明らかにする太陽』（略称『五次第の心髄』）OtaniNo.10370
◎『一切タントラの王吉祥秘密集会の生起次第の妙説〃悉地の海〃の心髄』（略称『生起次第の心髄』）パンチェン・ラマ一世ロサン・チョゲン　OtaniNo.10369
◎『吉祥秘密集会究竟次第五次第の赤註覚書　阿閦のお口の甘露』アク・シェーラプ・ギャムツォ（ギュ

メ全集第三巻）
◇『基本の三身の構造をよく明らかにする灯明』ヤンチェン・ガロ　TohNo. 6600
◇『吉祥秘密集会聖者流と随順する密教の地・道の構造の妙徳なる善説の桟橋』ヤンチェン・ガロ　TohNo. 6574
◇『密教経典成立史論』松長有慶　法藏館　一九八〇年
◇『原典訳 チベットの死者の書』川崎信定訳　筑摩書房　一九八九年
◇『チベット密教』田中公明　春秋社　一九九三年
◇『仏教語大辞典』中村元　東京書籍　一九七五年
◇『総合佛教大辞典』総合佛教大辞典編集委員会　法藏館　一九八七年
◇『Death, Intermediate State and Rebirth in Tibetan Buddhism』Lati Rinbo-chey & Jeffrey Hopkins　Snow Lion　一九七九年
◇『宗教源流史』トゥケン・チューキ・ニンマ　甘粛省民族出版社　一九八四年
◇『ダライラマ十四世の講伝〝入菩薩行論〟註』Kundheling Ladrang　二〇一三年
◇『ダライラマと転生』石濱裕美子　扶桑社　二〇一六年
◇『クショラー』平岡妃女　御法インターナショナル　二〇〇九年
◇「チベットの密教の灌頂の構造　ゲルク派の場合　入中論広釈〝密意明解〟」平岡宏一（森雅秀編『アジアの灌頂儀礼　その成立と伝播』所収）法藏館　二〇一四年
◇『秘密集会タントラ概論』平岡宏一　二〇一八年　法藏館
◇『チッタマニターラ　瑜伽行修道の方法』平岡宏一　二〇二一年　法藏館
◇『運命を好転させる隠された教え　チベット仏教入門』平岡宏一　二〇二一年　幻冬舎

訳者プロフィール

平岡宏一（ひらおかこういち）

一九六一年、大阪生まれ。清風中学・高等学校校長。種智院大学客員教授。高野山大学客員教授。高野山真言宗僧侶。早稲田大学第一文学部卒業後、種智院大学を経て、高野山大学大学院博士課程単位取得退学。二〇二〇年、高野山大学より『秘密集会タントラ概論』で博士（密教学）を授与される。一九八八年から八九年にかけてインドのギュメ密教学堂に留学、のちにギュメ管長となるラマ・ロサン・ガンワンに師事し、多くの密教典籍を学んで外国人として初めてCERTIFICATE（正式に伝授されたことを示す証明書）を受ける。以降、ロサン・ガンワン師の遷化まで二十年間師事する。また、一九九〇年よりダライ・ラマ法王の密教関係の通訳を十数回にわたり務める。二〇一九年にツォンカパ遷化六百年御恩忌記念としてギュメ密教学堂で開催されたゲルク派主催の密教問答大会において、外国人としてただひとり指名を受け、日本の密教の紹介とチベット密教との違いに関する発表を行う。

著書に『秘密集会タントラ概論』『チッタマニターラ 瑜伽行修道の方法』（以上、法藏館）、『運命を好転させる隠された教え チベット仏教入門』（幻冬舎）、『男の子のやる気を引き出す 朝のことば』（ビジネス社）、また共著に『チベット密教』（春秋社）、『須弥山の仏教世界』（佼成出版社）、『アジアの灌頂儀礼』（法藏館）などがある。

●ロサン・ガンワン師と訳者

【ゲルク派版】チベット死者の書　改訂新版

2023年4月11日　第1刷発行

編・訳――――平岡宏一
発行人――――土屋 徹
編集人――――滝口勝弘
発行所――――株式会社 Gakken
〒141-8416 東京都品川区西五反田 2-11-8
印刷所――――中央精版印刷 株式会社
DTP――――有限会社アースメディア、株式会社 明昌堂

この本に関する各種のお問い合わせ先
本の内容については、下記サイトのお問い合わせフォームよりお願いします。
https://www.corp-gakken.co.jp/contact/
在庫については　Tel 03-6431-1201(販売部)
不良品（落丁、乱丁）については　Tel 0570-000577
学研業務センター　〒354-0045 埼玉県入間郡三芳町上富 279-1
右記以外のお問い合わせは　Tel 0570-056-710（学研グループ総合案内）